税收101问

101 Tax Issues

贾康　邢丽　苏京春　孙维◎著

中国出版集团　東方出版中心

目 录

第一编 税收理论：您应当知道的那些税事儿

第二编　六大税种：明明白白纳税

第四编　税收征管：管了哪些事？

第一编

1

税收理论：
您应当知道的那些税事儿

税收格言

税收是喂养政府的奶娘。——马克思

征税的艺术，是尽可能多地拔取鹅毛，而让鹅的叫声最小。

——柯贝尔

纳税是为权利受保护付费。——詹姆士·韦恩

税收如母亲，经常被误解，但很少被遗忘。

——劳德·布兰威尔

作为公民，你有义务纳税，同时你也必须了解你作为纳税人的权利。——唐纳德·C·亚历山大

我就我的收入纳税，这是我生命中最重要的事，让我感到无上光荣。——马克·吐温

避税与逃税的区别就是监狱围墙的厚度。

——丹尼斯·黑勒

世界上只有两件事情不能避免，那就是税收和死亡。

——富兰克林

1. 什么是税收？

税收是国家为满足社会公共需要，凭借公共权力，按照法律所规定的标准和程序，参与国民收入分配，强制地、无偿地取得财政收入的一种方式。马克思指出："赋税是政府机器的经济基础，而不是其他任何东西。""国家存在的经济体现就是捐税。"恩格斯指出："为了维持这种公共权力，就需要公民缴纳费用——捐税。"19世纪美国大法官霍尔姆斯说："税收是我们为文明社会付出的代价。"这些都说明了税收对于国家经济生活和社会文明而言的必要性与重要作用。

对税收的内涵可以从以下几个方面来理解：① 国家征税的目的是满足社会成员获得公共产品的需要。② 国家征税凭借的是公共权力（政治权力）。税收的征收主体只能是得到国民授权、代表社会全体成员行使公共权力的政府，其他任何社会组织和个人是无权征税的。与公共权力相对应的必然是政府管理社会和为民众提供公共产品的义务。③ 税收是国家筹集财政收入的主要方式。④ 税收必须借助法律形式进行。

2. 如何理解税收直观的无偿性和整体的有偿性？

税收的无偿性是指国家征税后，税款一律纳入国家财政预算统一分配，而不直接向具体纳税人返还或支付报酬。税收的无偿性是从个体纳税人角度而言的，其享有的公共利益与其缴纳的税款并非一一对等。但就纳税人的整体而言，则是对等的“取之于民，用之于民”的关系，政府使用税款的目的是向社会全体成员包括具体纳税人提供社会公共产品和公共服务。因此，税收的无偿性只表现为个体的无偿性，同时存在整体的有偿性。

3. 什么是税收的万能论、无用论和自然演变过程论？

在税收调节方面，有必要指出三种有问题的认识，可以称为税收调节问题上有明显偏颇的“三论”。

第一是中国改革开放过程中我们可以观察到的“税收万能论”的倾向。“税收应当积极发挥作用，但在这个正确的前提下，实际生活中也可能出现一种什么事情都要靠税收调节的不当认识，即重视税收发挥作用，碰到什么问题都要求税收调节一把。”比如一个实际生活中失败的案例“筵席税”，就是试图以这个税来遏制大吃大喝之风。中国人开始富裕起来后有点钱了，在酒楼餐馆里讲排场，一桌吃掉多少钱，政府感觉这个风气不好，就设想出一个筵席税，意在通过税收手段限制大吃大喝的行为。到了1994年，体制上规定筵席税这个税种由各个地方自己决定开征还是不开征，实际上，只有内蒙古和辽宁的一个地级市开征，后来就没有了。为什么？因为遏制大吃大喝就要规定一个界限，比如一桌酒席800元以上算大吃大喝，超过800元的就要征税，但是又不可能有那么多税务机关人员盯在餐饮场所，就要委托具体经营单位的管理者代征收，而如果哪个管理者严格征收这个税，就等于把客户推到竞争对手那边了，所以餐饮场所的管理者自然落入与顾客“合谋”避税的状态，比如采用超过800元就开两张发票的方法。所以，筵席税用意是好的，却形成了“税收万能”式的认识误区。

另外一个方向上的偏差是越来越多的人在说税收作用是有限的，有的学者也在写文章强调税收作用的有限。但是后面跟着说什么呢？在很多税收应该发挥作用的场合，却说税收做不了什么事，实际上落入了“税收调节无用论”的误区。比如，按照有些人的认识，所谓税收作用有限，就推到在再分配的领域里税收也是无用的。这就走向了另外一个极端上的认识误区。税收作用肯定是有限的，它只是经济生活中调节变量里的一个、政策工具中的一种，它的作用不可能是无限的。但是在认识到税收不是万能的的同时，把税收作用有限的真实含义等同于税收无用，放弃积极发挥税收调节作用的努力，也是万万不能的。在再分配领域中，有人说主要发挥调节作用的应该是公平竞争，是降低准入门槛之后让市场起作用，那么就说得等于初次分配而很不到位了。在初次分配中应强调降低准入门槛、机会均等和公平竞争，但到了再分配领域里，如果绕开“抽肥补瘦”的机制来发表意见，就没有形成一个关于再分配的正确认识框架，会在这个误区里面，滑入了税收从有限到无用的错误方向。中国要走向现代国家治理，进入现代社会的状态，一定要有现代的税制，而这必然要求直接税起更大的调节作用。这是无论是发达国家还是发展中国家都必须注重的制度建设问题。

还有一种“自然演变过程论”。包括一些很有影响的人士也说，不要对中国的直接税给予过高的期望，因为直接税比重的上升是一个自然演变的过程，中国的发展水平还很低，不可能指望它有多大的分量。听着似乎也是有道理的，但其实这种自然演变过程论又是落入了误区。税收的调节分量、税制的发展，确实需要一个水到渠成的过程，但是这个过程中不可回避地必须加入人的主观能动性：我们的立法机关、税制设计者、决策者的主观判断与改革取向是不能避而不说的问题。换句话说，税制是有可塑性的。中国“文革”结束时，国营企业只要缴一种工商统一税，集体企业则再多缴一道集体企业所得税就可以了，后来在改革中逐步发展到 40 多种税，再归并、减少到现在的 18 种税，这个过程一定是政策设计者、改革决策者、社会公众的主观因素一直参与的一种税制演变的改革过程。否定了税制的可塑性，就否定了税制改革的必要性，也等于是在逃避税改的历史责任①。

4. 什么是税制结构?

税制结构指的是不同功能的税种组合配置的状态。现代税制的结构特征是“复合税制”，即以多种税、多环节、多次征的制度安排，形成主体税种明确、辅助税种各具特色、各税种相互协

---

① 贾康：《税收调节问题上的不当“三论”》，http://www.ctax.org.cn/xstt/zjsd/201507/t20150716_1012702.shtml。

调配合而有机组成的税收制度总格局。可以说，税制结构是税收制度的基础与关键内容，决定着税制运行总体效率和税收职能可否有效发挥。税制结构与国情、经济发展阶段有内在联系，且具有很强的国家特色，在世界上找不出税制结构完全相同的两个国家。

从税收发展的历史看，财产税、全值流转税、增值税、所得税等都充当过主体税种。目前，世界各国的税制结构模式根据主体税种的不同，可主要分为以下几种类型：一是以所得税（及财产税等直接税）为主体的税制结构，二是以商品税（流转税）为主体的税制结构，三是商品税和所得税并重的“双主体”税制结构，四是流转税、所得税和社会保障税并重的“三主体”税制结构，五是“避税港”模式的税制结构，其中前四种税制结构最为常见。从世界范围来看，美国是以所得税为主体的税制结构，欧盟是“三主体”税制结构，我国是以流转税为主体的税制结构，但所得税、直接税的比重将随着人均 GDP 的提高和税制改革而相应有所提升。

不同的税制结构各有不同特点。影响税制结构的主要因素有社会经济发展水平、国家治理结构、税收征管能力等。此外，一国的税制结构还受一定的历史传统、人文环境、改革动能等因素的影响。

5. 什么是直接税和间接税？

直接税与间接税是税收领域的常用术语，体现着对税收的一种分类，其最早的讨论可见于18世纪法国重农学派代表人物F·魁奈的“纯产品”理论。在此后的两个世纪以来，有关直接税和间接税的性质、特征和功能以及两者之间的协调配合问题，一直有广泛的讨论。国际上，直接税和间接税划分标准较多，目前各国较通用的划分标准是按照国民经济核算期间税负能否当期转嫁为判断标准。如果税负不能当期转嫁，纳税人与负税人当期一致的税种为直接税，主要包括所得税类和财产税类税种，如企业所得税、个人所得税、房地产税、遗产和赠与税等等；如果税负存在当期转嫁的可能性，使纳税人与负税人可能不一致的税种为间接税，此类税收主要包括以货物和劳务税类税种，如增值税、消费税、营业税（销售税）、资源税、关税等等。

一般认为，世界税制结构的演进经历了由以简单、原始的直接税为主的税制结构到以间接税为主体的税制结构，再由以间接税为主体的税制结构发展为以现代直接税为主体的税制结构，再到当前各国重新认识到间接税的特定优势，从而谋求直接税与间接税优化组合的税制结构。从总体上看，目前发达国家的税制结构仍以直接税为主体，并呈现出稳中有升的态势，尤其以美国最为典型。经济合作与发展组织（OECD）成员国的税制结构基本呈现出“三三制”的格局，即直接税收入占三分之一，社会保障税占三分之一，流转税占三分之一。如果不作严格区分，社会保障税也可以划归为直接税类，这样，直接税在全部税收收入中所占的比重达到60%左右。同时值得注意的是，自20世纪80年代以来，西方国家进行了大规模的税制改革，重新调整了税收对经济的干预政策，开始重新重视间接税的作用，如欧共体国家进行了以增值税为主的间接税改革，扩大了增值税的范围，调整了税率结构，从而使增值税在间接税中的比重有所上升。

6. 什么是价内税和价外税？

价内税是由销售方承担税款，销售方取得的货款就是其销售款，而税款包含在销售款中并从中作纳税扣除。

货款（含税款）＝销售款（含税款）

→税款＝货款（销售款）×税率

价外税是由购买方承担税款，销售方取得的货款包括销售款和税款两部分，即货款＝销售款＋税款。由于税款＝销售款×税率，而这里的货款（即含税价格）减去税款，即不含税价格，因此，税款＝货款－销售款＝（货款－税款）×税率，通过上面的等式进行演算，得出税款的计算公式为：税款＝[货款/(1＋税率)]×税率。所以，价内税与价外税的最直接的区别在于计算税款的应用公式的不同：

价内税：税款＝货款（销售款）×税率＝含税价格×税率

价外税：税款＝[货款/(1＋税率)]×税率＝不含税价格×税率

我国目前的流转税中，增值税采用价外税模式，消费税与营业税采用价内税模式。对于同一个业务，如果既要交纳消费税，也要交纳增值税，消费税和增值税的计税基数是相同的——都是销售款，这一点要特别注意。

7. 什么是税收法定？

所谓税收法定原则，是指由立法者决定全部税收问题的税法基本原则，即如果没有相应法律作前提，政府则不能征税，公民也没有纳税的义务。税收主体必须依照且仅仅依照法律的规定征税；纳税主体必须依照且仅仅依照法律的规定纳税。税收法定原则是税法中一项十分重要的基本原则。税收法定原则可以追溯到800多年前的英国《大宪章》，现已为当今各国所公认，其基本精神在各国宪法或税法中都有体现。其具体内容包括三个部分：税种法定、税收要素法定、程序法定。

导读1：英国大宪章运动

1215年6月15日，由英国国王约翰与贵族签订的《大宪章》，是英国封建贵族用于限制国王权力的宪法性文件，被视为是英国宪法的基础，创造了“法治”这一理念。而国王被迫签订主要是由贵族反对国王随意征税、横征暴敛引起的。

自亨利二世以来，英国国王采取了许多措施加强王权，其中许多政策直接损害了贵族的利益，如将大批诉讼从贵族封建法庭收揽到国王法庭。在财政上，不但严格征收封建捐税，而且开征动产税，建立了国家直接税制，增加了贵族们的经济负担。贵族们忍无可忍，终于联合在一起，发动了武装起义，国王被迫签订《大宪章》。

《大宪章》首次把过去的封建成规集中在一个统一的文件中，要求国王明确接受，保证实行。它体现和宣告了一条崇高的宪法原则——王权有限、法律至上。把一般原则寓于具体条款之内，恰恰是《大宪章》的奇妙之处，随着时间的流逝、社会的进步，许多具体条款失去作用，但《大宪章》一直作为国王应遵守法律的象征而矗立着，它宣告了一条基本原则，即：有一组法律高于国王之上。王在法下，真正把权力关进笼子里。

有关征税、立法的条款中，《大宪章》规定“应与全国人民普遍协商”，征得“全国普遍同意”，这实际宣告了重大事宜应与国民协商决定的原则。这也是最早的税收法定原则之一，非经同意不得征税。

《大宪章》在原则上和实质上包含了后来发展起来的议会所具有的征税权，国民对王国政务拥有的参与权、监督权等，以及“国民自由”的观念。随着历史的发展，“国民”的包容度不断扩大，这几种权利则逐渐被制度化了。第一，《大宪章》中非经“大委员会”的同意不得征税的条款，成了后人“无代表权不纳税”这一原则的基础。第二，征税要得到本王国一致的同意，就隐含了“国民”有被咨询的权利。第三，即便从当时的角度上看,《大宪章》也使贵族之外的一些社会等级分享到了利益。这些都为半个世纪后平民代表进入议会奠定了基础,也为近代公民意识和公民法权观念的产生奠定了基础。

法治的观念也来自《大宪章》,保障人权和自由,必须实行法治。尤其是第39条规定:"凡自由人除经其同等者依法判决或遵照王国法律的规定外,不得被处以扣留、监禁、没收其财产、褫夺其法律保护权,或被处以放逐、伤害、搜查或逮捕。"第40条规定:"国王不得向任何人出售、拒绝或延搁其应享之权利与公正裁判。"这两条规定成为英国人民反抗国王咨议会司法特权的武器。

另外,第61条还影响和产生了后来现代宪法意义上的违宪审查和宪法委员会。该条款规定,由贵族推举25人组成一个特别委员会,以监督《大宪章》的执行。如果该委员会中的4人发现国王或政府大臣有违反《大宪章》的行为,应立即奏请国王改正,如果40天后仍未见纠正,该4人应报告给25人委员会,经委员会多数同意后,可联合全国人民,采取一切手段,包括采用武力夺取国王城堡、土地和财产,强迫国王改正错误。正如程汉大教授在《〈大宪章〉与英国宪法的起源》一文中所说,这一规定"将判断某种情况下法律是否遭到破坏的权力从国王手中拿了过来",置于一个独立于王权之外的委员会手中,其实质是企图建立一种常规性权力监督机制,以确保国王遵守法律,而把武力作为最后的保留手段，这里面蕴含着国民有权强制国王遵守法律的宪法原则。

英国宪法史学家亨利·哈兰姆曾把当时已被社会公认的宪法基本原则概括为以下五条："第一，除非经上、下两院组成的议会的同意，国王不得征税。第二，任何法规的制定都必须经议会同意。第三，除非根据法院的专门令状，不得逮捕任何臣民；被捕者必须迅速交付法庭审判。第四，刑事诉讼中关于被告的犯罪事实，必须在案发地区的普通法庭上由12人组成的陪审团决定之；一旦陪审团作出一致决定则不得上诉。第五，对侵犯臣民个人自由和权利的国王大臣和政府官员也可以提出控告，不得以他们享有的权力为由请求保释，即使国王御旨也不得为他们作担保。"这些原则的确立标志着英国式宪法框架的基本形成，也影响了后来美国宪法的制定，对后世影响深远。

资料来源：摘自海舟：《税收法定原则的英国源起》，http://sztqb.sznews.com/html/2015-03/24/content_3176630.htm。

8. 什么是宏观税负？

宏观税负，即宏观税收负担，是指一个国家的税负总水平，通常以一定时期（一般为一年）的税收或政府收入总量占同期经济产出的比例来表示。在具体计算宏观税负指标时，经济产出通常以国内生产总值（GDP）来代表。

宏观税负受多种因素的影响，包括经济发展水平、社会福利水平、宏观经济政策、财政收入来源、税收制度、税收征管水平、产业经济结构及地区差异等经济要素，以及国家职能范围等非经济要素。

宏观税负（计算公式是：政府收入/GDP）可分为大、中、小三个口径。

一、最窄的小口径是把所有的税收收入（“正税”收入）加总在一起比GDP。这个口径数据准确、严谨，但一般嫌其覆盖面太窄而“不够用”。

二、中口径是把小口径加上其他一些项目，比如社会保障方面集中的缴费，再比GDP。这个口径的意义不大，研究者使用不多。

三、大口径（广义口径）是把所有政府收入加总后比GDP。这个口径最有现实意义，但各国情况千差万别，技术上对其具体口径必须力求严谨地作标准化处理。研究者一般使用的是IMF（国际货币基金组织）的定义口径（见专栏中的导读2）。

导读2：国际货币基金组织（IMF）统计口径计算的宏观税负国际比较

在国际货币基金组织（IMF）的政府财政收入体系中，政府收入主要由四类收入构成：税收收入、社会缴款、各类政府单位的自愿转移的赠与及其他收入，不包括公债和公有资产、资源变卖收入。

财　政　收　入	
税　收　收　入	
1. 所得、利润和资本利得税 2. 工薪和劳动力税收 3. 财产税 4. 一般商品和劳务税 5. 国际贸易和交易税收 6. 其他税收	1. 社会缴款 （1）社会保障缴款 （2）其他社会缴款 2. 赠与 （1）来自外国政府 （2）来自国际组织 （3）来自其他广义政府单位 3. 其他收入 （1）财产收入 （2）出售商品和劳务收入 （3）罚款和罚没收入 （4）其他的自愿赠与

根据IMF《政府财政统计年鉴(2009)》所列的数据相对齐全的47个国家和地区2008年的资料(该年鉴在有关条目下列出了134个国家和地区，其中有59个国家和地区基本数据缺失，28个国家和地区数据未及时更新，年份不可比)，按税收收入计算的宏观税负水平如下：23个发达经济体的国家平均为27.7%，最高为47.1%，最低为14.6%；24个新兴和发展中经济体的国家和地区平均为22.7%，最高为37.7%，最低为16%。按包含税收和政府非税收入等在内计算的宏观税负，发达国家平均为43.3%(其中，社会保险缴款占10.4%)，最高为58.7%，最低为21.7%；发展中国家和地区平均为35.6%(其中，社会保险缴款占6.9%)，最高为52%，最低为21%。相比之下，在这47个国家和地区中，发达国家按税收收入计算的宏观税负平均比发展中国家和地区高出5个百分点，这

主要是由经济发展水平和政府履行职能范围决定的；按税收和政府非税收入计算的宏观税负，发达国家平均比发展中国家和地区高出7.7个百分点，这主要是因发达国家社会保险缴款等规模要超过发展中国家。在IMF《政府财政统计年鉴(2009)》中，我国的数据为2007年。按照我国现行各类预算管理制度规定，并以2009年数据测算，我国税收收入占GDP的比重为17.5%；加上政府性收费和基金等非税收入，宏观税负约为30%(其中，国有土地使用权出让收入占4.2%，社会保险基金收入占3.8%)。

资料来源：肖捷：《走出宏观税负的误区》，《中国改革》，2010年10期。

林颖：《我国宏观税负水平评析：基于IMF和OECD税收收入口径》，《国际税收》，2009年11期。

9. 什么是“福布斯税负痛苦指数”？

福布斯税负痛苦指数全称为“福布斯全球税收痛苦和改革指数(Tax Misery and Reform Index)”，该指数来源于世界著名的商业财经杂志《福布斯》。《福布斯》对50多个国家税收负担情况进行排名，得出每个国家税负痛苦指数的变化情况，目的是为企业及其雇员提供投资和就业指导。从字面上来理解，税负痛苦指数，是一个国家居民对本国税负的主观感受，税负痛苦指数越高表明在该国投资、就业、生活感受到的税收负担越重；税负痛苦指数越低表明在该国投资、就业和生活感受到的税收负担越轻。因此，福布斯税负痛苦指数是从人的主观感受角度衡量一国税收负担高低的经济指标。

福布斯税负痛苦指数的计算方法非常简单，是将一国的公司所得税、个人所得税、财产税、雇主和雇员的社会保险税（费）、增值税（或者销售税）等的最高边际税率加总得出。

从排名结果来看，欧洲各国的排名比较靠前，最近几年，法国、比利时、瑞典、荷兰均排在前五位。我国 2007 年在福布斯税负痛苦指数的排名中位居第三位，2009 年为第二位，成为世界上仅次于法国在税收方面最“痛苦”的国家。但必须指出，福布斯税负痛苦指数的编制方法是极不科学的，仅有些人们茶余饭后打趣谈资的“游戏意义”，因为各不同税种的税率是不可比、不可通约的，加总起来不伦不类，几乎不能说明实际税负概念下的任何问题。但是，这一指数排名近年在中国所受到的前所未有的重视，应当说折射了经济社会发展一定阶段上纳税人意识的觉醒、上升及相关的一些民意诉求。

情景 1:“税负指数”背后的隐含民意

● 要看清“税负指数”背后的民意诉求

“税负痛苦指数”科学与否，我们可以暂且不去争论，但这背后隐含的纳税人意识上升与民意诉求，却值得我们重视。

● **渴望“税目合理”**

［网友　姜永明］：我们现在的税制存在一些漏洞，给有关机关提供了一定的操作空间，导致某些地方政府见缝插针、随意征税的情况时有发生。像所谓的“馒头税”、“月饼税”、“房产加名税”等。另外，还存在税目众多、重复征税的情况，这等于变相加重了纳税人的税收负担。政府增税行为多于减税，造成了一定的民生焦虑，影响了民众的幸福指数，民众迫切希望这些方面得到改善。

● **期望“税有所值”**

［网友　单士兵］：福布斯“税收痛苦指数”排行是有很大的缺陷，不过仅仅指责这些缺陷无济于事。我们也需要看到我们存在的一些问题：一方面是行政消耗过大，征税成本及其他行政成本过高；另一方面是政府提供的公共服务仍然达不到要求。也就是说，公众在承担了较高的税负后，难以得到与之匹配的公共服务，这才是“痛苦”的根源所在。改善“公共服务”的性价比，让民众所缴纳的税收“物有所值”，才能降低民众的“痛苦指数”，提高“幸福指数”。

资料来源：http://news.xinhuanet.com/society/2011－09/21/c_122068148.htm。

情景 2：没有“纳税人”名分的负税人

纳税人这个概念今天有些尴尬。在中国，绝大多数真正纳税的人，并没有得到“纳税人”的名分，甚至没有建立起相应的纳税人自我意识，而那些自己纳税并不一定很多的人，却往往冠以“纳税大户”的桂冠，享有来自政府的表彰和公众的致敬。这不能不说是纳税人的一个巨大悲哀。有一个常识，但并非人人明了，就是，我们每日消费的生活资料，只要它是来自市场，就一定含税，食物、衣服、食盐、水电气，统统如此，概莫能外。这就是说，每个消费者都承担了消费品中的税收。但是，很多人并不知道自己承担了消费品中的税收，是纳税人。

日常商品中的含税份额：

一袋盐售价为 2 元，包含约 0.29 元的增值税和 0.03 元的城建税及教育费附加。

你去餐馆吃饭，最后结账时不论餐费多少，其中的 5.5%是营业税(“营改增”后为增值税)和城建税及教育费附加。

一瓶啤酒售价为 3 元，包含约 0.44 元的增值税，0.12 元的消费税，0.06 元的城建税及教育费附加。

如果你吸烟，每包烟假如为8元，其中约4.70元是消费税、增值税、城建税及教育费附加。

你去理发店理发，费用的5.5%是营业税和城建税及教育费附加。

你买一件衣服花了100元，其中包含14.53元的增值税、1.45元的城建税及教育费附加。

你买一瓶化妆品花了100元，其中除了14.53元的增值税外，还包含25.64元的消费税、4.02元的城建税及教育费附加。

资料来源：梁发芾：《没有"纳税人"名分的负税人》，http://view.news.qq.com/a/20110627/000040.html。

黄凯平，岑科：《税的真相》，中信出版社，2012年版。

10. 什么是结构性减税？

结构性减税是指在"区别对待，结构性调整"原则下形成减税效应的一种税制改革方案，旨在根据经济发展形势的需要，通过"做减法"的措施，对税制结构加以优化，从而使税收更好地发挥其功能作用。它既区别于全面的、大规模的减税，又不同于一般的有增有减的税负调整，而是更注重和强调为达到特定目标而针对特定群体、特定税种有选择地削减税负水平，把优化税制结构、服务于经济增长和经济发展方式转变的目标，落实于有针对性地减轻企业和个人的税收负担之上。

归结起来，结构性减税政策的内涵主要有两方面：一是强调“减税”，降低税负水平。其有别于税负水平维持不变的有增有减的结构性调整，会带来实际税负水平的下降。二是强调“结构性”，即不是全面的减税，而是有选择、带有强烈优化结构意图的减税安排。从逻辑上说，既然有一定环境、条件下的结构性减税，便可能有一定环境、条件下的“结构性增税”。

我国近年结构性减税推出的背景是2008年下半年席卷全球的金融危机。为了应对金融危机给我国经济造成的严重冲击，我国实施了旨在扩内需、保增长的积极财政政策和适度宽松的货币政策。积极财政政策的内容之一便是结构性减税，具体包括企业所得税“两法合一”，增值税转型，降低证券交易印花税率，暂停征收居民储蓄利息的个人所得税，连续多次上调出口退税率，减征小排量汽车购置税，提高个人所得税中工薪收入起征点及改进税率设计，提高小微企业增值税和营业税起征点等，广义上也包括清理取消不合理的收费。不断出台的结构性减税措施，成为拉动经济复苏的重要驱动力之一。

11. 企业减税与减负是什么关系？

企业减税是指减轻企业的税收负担，可能涉及企业所得税、房产税、契税、土地增值税、城镇土地使用税等直接税收负担和增值税、消费税和关税等间接税收负担。而企业减负，除税收负担的减少之外，还包括减轻社会保险、税外行政收费、中介收费，及其他的隐性负担。因此，企业减税只是企业减负的一部分，为真正和充分地给企业减负，还需要把税收负担、税外收费负担与各种隐性负担、综合成本加在一起作通盘考虑。

为企业降费、降综合成本的具体方案设计比减税更复杂。在中央层面，涉及的基金、行政收费项目就有几十种，地方则更多，这就要求带有攻坚克难性质的配套改革，包含政府各部门职能如何合理化，如何把其他行政收费以及一些隐性负担降下来，这是配套改革的任务，已不是税制改革任务自身所能涵盖的了。

12. 什么是税负转嫁？

税负转嫁是指税法上规定的纳税人所缴纳的税款转移给他人负担的过程。由于税负转嫁的存在，税法规定的纳税人并不一定是最终的负税人。例如：汽车制造商可通过提高价格的办法，将所缴纳的税款向前转嫁给消费者；棉布制造商通过压低棉花收购价格的方法将所缴纳的税款向后转嫁给生产者；雇主采用削减工资的办法将所缴纳的税款转嫁给雇员负担等。但这只是理论上的可能性，并不等于纳税人可以随意而为，还有许多复杂的制约条件。

通常，税负转嫁分为向前转嫁、向后转嫁、混合转嫁和税收资本化等多种形式。税负转嫁并不会影响税收的总体负担，但会使税收负担在不同的纳税人之间进行分配，对不同的纳税人产生不同的经济影响。

税负转嫁成功与否主要取决于两个因素：第一，商品流通的存在是税负转嫁的经济前提。税负转嫁是在商品交换中通过商品价格的变动实现的，没有商品流通和商品交换的存在，就不会有税收负担的转嫁。第二，商品供给与需求的弹性大小和竞争状况是决定税负转嫁状况的关键因素。比方说，如果需求弹性小（对价格不敏感），需求竞争较大，供给竞争较小，则税负容易转嫁。供不应求的商品，最容易通过价格转嫁税负。如果需求竞争较小，供给竞争较大，则税负不易转嫁。容易替代、供过于求的商品，往往难以通过价格转嫁税负。总体而言，在短缺经济条件下，税负容易转嫁；而在过剩经济条件下，税负难以转嫁。但在消费两极分化的情况下，一些商品则可能价格越贵越好卖，如炫耀性消费品、象征身份地位的消费品，即总体而言的富人消费品，对其生产厂家施加的税负较容易转嫁给最终消费者。因此，针对奢侈品征税，往往具有调节财富分配的作用。

13. 消费者都是完全承担间接税负担的没有名分的纳税人吗？

目前有一种广为流行的观点，认为间接税全部是由消费者负担的。我国税制以间接税为主，进而推论商品和劳务的消费者在“不知不觉”中承担了税负。顾名思义，间接税是“直接税”的对称，是指纳税义务人不是税收的实际负担人，纳税义务人能够用提高价格或提高收费标准等方法把税收负担转嫁给别人的税种。属于间接税税收的纳税人，虽然表面上负有纳税义务，但是实际上已将自己的税款加到所销售商品的价格上，由作为买方的消费者负担或用其他方式转嫁给别人，即纳税人与负税人不一致。

这种观点还认为，我国税收收入的60%左右都来自间接税。这就意味着我国的税收收入与物价之间高度关联，高比例的间接税在现实生活中将助推物价。特别是在通货膨胀压力较大、物价上涨趋势明显的情况下，可能形成税收与物价的交替攀升，甚至使政府控制物价水平的努力平添不确定因素。

这些观点有一定道理，但逻辑与结论并不够严谨。因为经济学常识告诉我们，价格不是由厂商单方面决定的，而是由供需双方共同决定的，企业交纳的间接税属于企业成本的一部分，是预期利润的减项，就像购买原材料、机器设备的投入成本都要摊入到每一件商品之中一样，但这些包括税收在内的成本能否收回，或者说能否随着价格都转嫁出去，则要看企业的生产效率、竞争能力、供需弹性和市场供求状况。即使是价外税也是如此，因为购买者要看商品的总价格，而不只是企业的销售价。按照上文情景2中的逻辑，还可以说，每一件商品中还包含着企业员工的工资，能否说，企业员工的工资是由消费者承担的，而与企业无关呢？按照这种逻辑推演下去，企业没有承担任何成本，这显然是与经济学原理相悖的。因此，不能认为间接税全部是由消费者承担，而应该说，消费者或多或少地承担了间接税中的一部分。

14. 什么是中央税、地方税和共享税?

在根据税收的征收管理权及收入支配权进行分类的情况下，中央税是地方税的对称，指由一国中央政府征收、管理和支配的税收，又称国家税。在实行中央与地方分税制的国家，通常是将一些关联中央政府职能和宏观调控、收入充足和稳定的税种作为中央税。

地方税是指由一国地方政府征收、管理和支配的税收。地方税属于地方固定财政收入，是由地方管理和使用的税种。

中央与地方共享税是由国家税务总局负责征收管理，收入由中央与地方按比例分享的税种。

在现阶段我国的分税制体系下，中央税包括：消费税、关税、车辆购置税、海关代征的增值税；中央与地方共享税包括：增值税、企业所得税、个人所得税、资源税、证券交易印花税；地方税包括：营业税、土地增值税、印花税、城市建设维护税、城镇土地使用税、房产税、城市房地产税、车船税、契税、耕地占用税。

15. 我们国家主要有哪几种税?

几经变革，目前我国共有增值税、消费税、营业税、企业所得税、个人所得税、资源税、城镇土地使用税、房产税、城市维护建设税、耕地占用税、土地增值税、车辆购置税、车船税、印花税、契税、烟叶税、关税、船舶吨税等18个税种。其中，16个税种由税务部门负责征收；关税和船舶吨税由海关部门征收，另外，进口货物的增值税、消费税也由海关部门代征。值得关注的是，2016年5月1日起，随着“营改增”在全国所有行业推开之后，营业税逐步消失，我国将只有17个税种。2018年1月1日起，我国将开征“费改税”的环境税，使税种数又上升为18个。

第二编

2

六大税种：明明白白纳税

增 值 税

16. 什么是增值税？

顾名思义，增值税是对商品和应税劳务流转中的增加值即增值额进行课税。因此，对增值税的理解，关键在于增值额。增值税以增值额为税基，实际上就是以投入和产出价格的差额为税基来征收的，这个差额大体相当于生产经营单位创造的价值额。

从理论上说，增值额是纳税人在生产经营过程中新创造的价值，可以采用加法或减法计算。从加法的角度看，相当于工资加利润，从减法的角度来说就等于产出减投入。

增值额＝工资＋利润＝产出－投入

在国民经济核算中，增加值是各生产单位从总产出价值扣除其中所包含的货物服务消耗价值之后的余额，代表该生产单位汇集各种生产要素在生产过程中新创造的价值。增加值有总增加值和净增加值之分。总增加值是总产出扣除中间投入价值的余额；净增加值还要在总增加值基础上扣除固定资本消耗。国民经济各产业(或各部门)的总增加值之和，即为国内生产总值；国民经济各产业(或各部门)的净增加值之和，即为国内生产净值。

具体到某一个生产经营单位而言，增值额可以看作是购销差价，即因提供货物和劳务而取得的收入价格（不包括该货物或劳务的购买者应付的增值税）与该货物和劳务外购成本（不包括为这些外购项目所应付的增值税）之间的差额。

由于世界各国对作为计税依据的增值额的理解不同，或出于经济政策、财政承受能力以及税收征管水平等因素的考虑，各国之间增值税税基选择也存在较大差异，主要表现在外购生产材料（尤其是固定资产）税额的扣除范围和扣除方式上，据此，增值税被分为生产型增值税、收入型增值税和消费型增值税。

生产型增值税是以销售收入减去外购货物和劳务支出为税基，不扣除外购固定资产价值（包括年度折旧），在统计口径上相当于国民生产总值，因此将这种类型的增值税称作生产型增值税。

收入型增值税是以国民生产总值减去当期固定资产折旧后的余额为课税依据的增值额，相当于国民生产净值。这种以国民收入为口径计算出增值额并据以课征的税收，通称收入型增值税。

消费型增值税是以销售收入减去外购货物和劳务支出，并扣除外购固定资产价值为计税依据，相当于对国民收入中用于消费性支出的部分征税，因而被称为消费型增值税。

从上述定义中可以看出，三种类型增值税扣除程度依次呈阶梯式递增，税基则呈阶梯式递减，二者此长彼消。举个例子（见表2-1），假设某一纳税人当期实现销售额100万元，外购货物和劳务投入50万元，外购固定资产投入30万元，固定资产折旧5万元(均为不含增值税价格)，在生产型增值税制下，其可扣除金额为50万元，税基为50万元；在收入型增值税制下，可扣除金额为55万元，税基为45万元；在消费型增值税制下，可扣除金额为80万元，税基为20万元。从上述例子中不难发现，由于生产型增值税对消费商品和资本商品不加区分，依然存在着重复征税的现象，且需企业垫支税款，既不利于鼓励投资，又不利于国际竞争，只有极少数发展中国家采用。收入型增值税因已有更能体现税收公平原则的个人所得税，没有必要舍本求末，也较少被采用。消费型增值税对鼓励投资起的作用最大，因为它实际上对全部资本商品(原材料、在制品、半成品、机械设备等)统统都不予课税。因此，消费型增值税在欧洲被广泛采用。日本和加拿大的增值税也是这一类型。

表2-1　不同类型增值税税基演示表　　单位：万元

类　型	外购货物和劳务(50)	外购固定资产(30)	折旧(5)	税基
生产型	√	×	×	50
收入型	√	×	√	45
消费型	√	√	—	20

导读3：当你吃馒头的时候，可曾想过，在这小小的馒头身上，也有一道税？

如果不是山东政协委员潘耀民的一份提案，很多人可能都没听说过“馒头税”一说，而且这“馒头税”的税率竟然高达17%。

这条新闻的指向性已然十分明确——“馒头不是海参，不吃海参可以，但不吃馒头很难”，“不能让馒头已经到老百姓嘴边了，却还要再加一道税”。

但在“降税”的共识之外，还有些颇令人疑惑的问题：真的有“馒头税”吗？为何吃馒头也要交税？

17. 什么是“馒头税”？

2011年两会前夕，有媒体报道一位政协委员提交了一份有关馒头税负过重的议案，这一报道之后被一些媒体热炒成了“馒头税”，有报道称“购买一元钱的馒头就要缴纳2毛钱的税”，“馒头税”迅速成为居民声讨政府税负过重的因由。

事实上，作为济南市政协委员的某公司副总经理兼总工程师潘耀民提交的所谓“馒头税”提案，其本意是提议降低生产馒头的企业缴纳的17%的增值税。潘耀民认为，首先，在当前通货膨胀背景下，面粉、馒头的价格在持续上涨，国家对很多商品都有补贴，却对市民一日三餐离不开的馒头征收17%的增值税，显然不合理。其次，生产馒头的大型企业的税负要高于很多个体户。因此，无论从理论上，还是现实需要上来讲，国家都应该降低馒头的增值税税率。

为此，山东省国税局作出公开解释：

第一，目前我国没有“馒头税”这一税种，山东省各级国税机关未擅自开征“馒头税”。潘耀民委员在政协提案中反映的是馒头税率的问题。媒体所称的“馒头税”其实是对销售馒头征收的增值税，而并非专门针对馒头这一食品单独开征的税种。根据《增值税暂行条例》的规定，生产和销售馒头应当缴纳增值税。

第二，馒头产品执行17%的增值税税率符合国家税法规定。目前我国的增值税设置了三档税率，基本税率为17%，对出口货物适用零税率，对粮食等产品实行13%的低税率。根据《财政部、国家税务总局关于印发〈农业产品征税范围注释〉的通知》（财税字〔1995〕52号）规定，以粮食为原料加工的速冻食品、方便面、副食品和各种熟食品，不属于“粮食”的征税范围。馒头是粮食加工制成的熟食品，适用的增值税税率为17%。

第三，消费者购买馒头承担增值税的计算问题。新闻报道中所称的“购买1元钱的馒头就要缴纳2毛钱的税”，这种说法是不准确的。我国增值税纳税人分为小规模纳税人和一般纳税人。目前小规模纳税人按照3%的征收率计算应纳税额，一般纳税人按照适用税率计算应纳税额，由于增值税是价外税，应换算为不含税价之后再计算。对小规模纳税人来讲，消费者最终承担的增值税为3%；对一般纳税人来讲，由于国家对初级农产品实行免税政策，同时生产企业可以按照13%抵扣，消费者最终承担的增值税为4%左右。

第四，食品加工企业的增值税税负问题。按照规定，一般纳税人实行税款抵扣政策，其应纳税额为当期销项税额减去当期进项税额后的余额，虽然税率为17%，但实际税负远远低于17%。从山东省食品加工企业的实际情况来看，目前实际税负在3%左右(不同企业、不同年度略有差别)。

随着山东省国税局的解释，“馒头税”事件得以平息，但是“馒头税”背后所反映的人们对我国税制的不满却并未因此消失。

近年来，我国消费差距继续拉大，不同消费群体实际生活状态反差强烈，低收入群体的生活压力较大，这种压力实际上是引发“馒头税”事件的重要原因之一。从税收的角度来看，当前我国以流转税为主要来源的税收收入结构，对于消费公平来讲确有“累退性”，即越是收入高的人越无关痛痒，越是收入低的人越有“税负痛感”。

18. 为什么增值税是“良税”?

所谓“良税”，应该说并没有一个具体的判断标准。西方财税学界在长时期研究基础上，认为税制的建立和税收政策的运用应遵循一些基本准则，从而使税收对纳税人产生的扭曲最小化。虽然理论界观点各异，但在公平与效率原则上存在着共识。也就是说，评判税制的基本标准是公平标准与效率标准的结合。对此，许多著名经济学家如亚当·斯密、穆勒、埃奇沃斯、威克塞尔、庇古、拉姆斯等都有深刻的分析。一般认为，亚当·斯密的“公平、确定、便利、节省”的税收四原则最早较系统地论述了税制的原则。

从世界各国增值税的实践看，增值税主要具备以下特点：

第一，税收中性。

所谓税收中性是指税收不引起商品相对价格发生变化从而不改变纳税人行为选择，其目的在于使税收超额负担最小化。

从亚当·斯密"看不见的手"这一认识框架出发，税收作为政府管理国家经济的一种手段，很难避免对市场机制效率构成损害，但政府征税应尽量减少对经济个体行为的不当干扰。一个理想的税收制度应是超额负担最小的制度，即政府征税应当对市场资源配置作用尽量保持中性。因此，税制原则中的普遍原则的重要性也开始被强调，即"应对价值增值普遍征税，也就是对所有经济活动按统一税率普遍征税"。

增值税普遍征收的特点很好地诠释了税收中性的特点。奥克兰认为："由于只对增值而不是对全部收入征税，增值税避免了许多形式的销售税所具有的多阶段征税的特点，即消除了在销售的中间环节和最终环节对同样的投入重复征税。"增值税使企业在税负方面更为平等，因而可以促进企业在竞争中提高效率，也就更能促进经济的增长。增值税的内在优势符合政府尽可能对市场资源配置保持中性的主张。

第二，收入及时稳定。

增值税具有普遍征收、收入及时稳定的特点。为避免征税引起对纳税人行为的扭曲，将效率损失降到最小化，增值税对所有生产经营行为都征税，征税范围可延伸到生产、流通各个领域，这种普遍征税的方式，使得税收收入及时稳定。

第三，避免重复征税。

增值税是对增加值课税，即允许扣除价值转移过程中已纳增值税额，仅就新创造的价值即增值额部分征税，具备道道征收、环环抵扣、税不重征的特点，不会导致企业因重复征税而倾向于“大而全”、“小而全”，从而有利于专业化细分和企业产出性价比的提高，再进而会有利于扩大消费需求。

第四，退税简便，鼓励出口。

出口商品的增值税计算简便，退税方便，可保证出口商品以不含税价格参与国际竞争，鼓励出口。

第五，自动审计，便于加强征收管理。

增值税的计算方法可有三种形式：一是基数列举法，又称“加法”，由构成增值额的各种因素相加求出增值额，再乘以适用税率即得出应纳税额；二是基数相减法，又称“减法”，从企业的销售收入中减去应扣除各项求出增值额，再乘以适用税率即得应纳税额；三是税额扣除法，简称“扣税法”。按企业销售收入乘以税率，求出应纳税额，再减去各项外购货物及劳务已纳增值税款，即得出企业应纳税额。由于扣税时必须持有标明外购货物和劳务已付税的发票为证，所以又称为“发票抵扣法”。

在以上三种计算方法中，多数国家采取发票抵扣法，在购货方购入货物时，销货方要在专用发票上注明税款，购货方只能按发票上注明的税款扣税，因而购销双方的相互审计关系得到加强，特别是后道环节会出于自身利益自动监督前道环节完税。

同时，税务部门为了减少偷税漏税，也会加强稽核。由于审计功能加强，扣税又必须有发票作为依据，加之信息技术的运用，因而有利于降低征税成本，减少偷税漏税可能性，提高税收征管的严密程度。

19. 美国为什么不征收增值税？

美国是世界第一大经济体，并一直在历次国际税制改革潮流中居引导地位，却对有“良税”美誉的增值税的引入争论颇多，几次立法提案都无功而返。国际著名增值税专家爱伦·泰特在其《增值税国际实践和问题》一书中，将反对在美国实行增值税的情况归结为以下五点：“自由党反对增值税因为它是累退的、保守党担心增值税会成为一部‘造钱机’、自由党和保守党都担心增值税会引起通货膨胀、州和地方官员担心增值税会侵占他们传统的敛财禁区、联邦和州级官员都担忧增值税的管理工作像噩梦般可怕。”

具体来说，美国为什么不征收增值税，有以下两个方面的深层原因：

第一，联邦与州之间的矛盾阻碍增值税的实施。

美国引进增值税没有成功，从美国独特的财政环境、政治环境以及思想文化传统等方面来分析，可发现其中一个重要阻力是来自美国的联邦体制所形成的联邦与州的政治关系。简而言之，在美国联邦制的政治体制下，联邦开征增值税被视为是对各州既有税权的侵蚀，因此遭到了各州和地方的强烈抵制，这是美国一直无法推行增值税的一个重要原因。

美国联邦与州之间的权限划分得相当明确，联邦和州拥有各自的权力，任何一方都不得干预另一方行使的权力。在征税权上，根据美国宪法的规定，联邦和州都拥有独立的税收立法权。而随着历史的发展，双方逐渐形成了各自的税收体系和收入来源。联邦主要依赖于直接税，州主要依赖于销售税。目前，美国 50 个州中共有 45 个州开征了零售销售税。

由于增值税在属性上适合于作为中央税，它要求由中央集中税权、在全国范围内统一征管。在这种情况下，联邦如果要开征增值税，将面临一个非常敏感的政治问题，即如何协调联邦和州二者之间的征税权。

首先，如果联邦开征增值税，而州仍然征收零售销售税，这就造成同一税基要负担两种同一性质的流转税，存在重复征税问题，而且纳税人面临在征管上完全不同的两种税制，需要遵从两套征收管理制度，由此将导致难以承受的纳税成本。这一做法显然会遭到纳税人的强烈反对。

其次，如果在联邦开征增值税的同时，取消各州的零售销售税，这将意味着联邦对州的传统征税权的侵蚀，使州一级的财政利益遭受巨大损失，由此会招致各州的强烈反对。

再次，如果对这两种方案采取折中的做法，在联邦和州同时开征增值税，而州取消零售销售税，那么上述各种问题虽然可得到部分缓解，但仍无法消除。这是因为，虽然增值税是在联邦和州同时开征，然而税权仍掌握在联邦手中，州在增值税上同样没有立法权，因此其税权的丧失仍不可避免。此外，由于目前各州在零售销售税上存在不少差异之处，在统一实行增值税后，联邦与各州之间的利益分配也是一个难题。

第二，对零售销售税的路径依赖。

道格拉斯·诺思在考察了西方近代经济史以后，认为一个国家在经济发展的历程中，制度变迁存在着"路径依赖"(Path Dependence)现象。诺思认为，"路径依赖"类似于物理学中的惯性，事物一旦进入某一路径，就可能对这种路径产生依赖。这是因为，经济生活与物理世界一样，存在着报酬递增和自我强化的机制。这种机制使人们一旦选择走上某一路径，就会在以后的发展中得到不断的自我强化。这就从制度的角度解释了为什么世界上各个国家并没有走同样的发展道路，为什么有的国家长期陷入不发达，总是走不出经济落后、制度低效的怪圈等问题。

美国在增值税改革方面也存在着路径依赖。由于美国在流通环节一直实行的是零售销售税制，该税种具有简便易行的特点，且重复征税现象不明显。因此，各方面对以增值税替代销售税的诉求并不强烈。这也是为什么增值税的理论最早萌芽于美国，并在此后几十年的时间内一直有声音呼吁开征增值税却得不到响应的又一个主要因素。

另外，美国现行的零售销售税是在19世纪初的营业税基础上演变而来的，属于州税，目前美国有45个州和哥伦比亚特区征收该税种，并且有进一步扩大的趋势。零售销售税制在美国受到各州普遍欢迎，其原因在于零售销售税制简便易行，不存在重复征税。目前各州的零售销售税率大多在 3%～7%之间，若要开征增值税，按照作进项抵扣后税负不变的原则来计算，税率大约要达到零售销售税率的两倍左右，无疑会直观地增加纳税人接受的难度。

20. 什么是我国增值税的转型改革？

增值税转型是将生产型增值税转为消费型增值税，允许企业将外购原料、固定资产等所含税金扣除。从前面的分析中，我们知道，消费型增值税要优于生产型增值税，能较彻底地消除重复性征税。实行消费型增值税，可以鼓励企业将更多资金用于更新固定资产、投入技术改造，有利于产品和产业升级换代，提高竞争力，也有利于拉动经济增长。

第一，转型的背景。

我国 1994 年分税制改革中建立的增值税制度，是基于经济体制转轨的大背景确立的，也是中央与地方政府间博弈与妥协的产物。当时我国经济形势过热，出现了通货膨胀，实行生产型增值税，可以保证中央财政收入，并与当时固定资产投资失控、物价上涨过快等现象是相适应的。

但实行生产型增值税，不允许企业抵扣购进固定资产的进项税额，仍内含重复征税问题，制约了企业技术改进的积极性。随着经济社会环境的发展变化，各界要求增值税由生产型向消费型转变的呼声越来越高。为了进一步消除重复征税因素，降低企业设备投资税收负担，鼓励企业技术进步和促进产业结构调整，有必要尽快在全国推开转型改革。

第二，转型的历程。

增值税转型在我国经历了一个渐进过程。从2004年在东北地区的部分行业开始试点，到2009年在全国范围铺开，转型改革用了5年的时间。

试点阶段。2003年10月中国共产党第十六届三中全会通过的《中共中央关于完善社会主义市场经济体制若干问题的决定》，首先提出"逐步推行增值税由生产型向消费型转变，在东北地区部分行业先行试点"。2003年10月底，中央出台《实施东北地区等老工业基地振兴战略的若干意见》，再次重申"在东北优先推行从生产型增值税向消费型增值税的改革"。2004年下半年，我国增值税的转型改革试点正式开始启动，东北地区的部分行业——装备制造、石油化工、冶金、汽车制造、船舶、高新科技产业、农产品加工业、军品工业等八大行业率先进行了增值税转型改革的试点；2007年5月，增值税转型改革试点范围扩大至中部地区，包含了山西、河南、安徽、江西、湖南、湖北中部六省的26个老工业基地城市。中部与东北执行政策的不同在于：一是东北实行的试点改革政策涵盖了东北三省全部，中部则规定了具体的地区即只在26个老工业基地城市地域范围内实行；二是行业方面有所不同，以中部优势产业电力和采掘业代替了东北地区的船舶与军工业。2008年7月1日起，内蒙古东部五盟市成为第三批转型试点城市。第四批纳入增值税转型改革试点范围的地区，主要涉及四川、甘肃、陕西三省被确定为极重灾区和重灾区的51个县(市、区)。

全面推开。增值税是中性取向的税种，具有产业链条长、环节多、关联度大的特点，不宜较长时期对不同地区、不同产业采取区别对待的政策。采用试点转型的办法固然稳健，但却扭曲了增值税中性，在一定程度上妨碍了整体经济的良性发展。试点地区也逐步暴露出越来越多的问题：

一是东北等地采用“增量抵扣”的办法(即规定纳税人当年准予抵扣的进项税额，不得超过当年新增增值税税额)，造成实际抵退税额与各部门预期差距较大，实际抵退户数、税额均显不足；增值税退税过程流程烦琐，增加了纳税遵从成本和征管成本。

二是试点转型政策表现为地区税收优惠政策，违背中性原则，形成“投资洼地效应”，干扰市场资金流动；在实际操作中一些试点地区对固定资产的界定标准不统一，转型政策不规范，配套法规不完善，操作性差，偷税漏税现象严重等。

全面推行增值税转型的另一个主要原因是应对国际金融危机。由美国次贷危机引发的金融危机当时已波及欧洲、亚洲、拉丁美洲，全球经济增长出现明显放缓势头，一些国家甚至出现经济衰退的迹象，金融危机正在对实体经济产生重大不利影响。为应对金融危机对我国经济发展带来的不利影响，努力扩大需求，作为一项促进企业设备投资和扩大生产，保持我国经济平稳较快增长的重要举措，2008 年 11 月 5 日，国务院第三十四次常务会议决定自 2009 年 1 月 1 日起在全国范围内的所有地区、所有行业全面实施增值税转型改革，鼓励企业技术改造，这标志着我国增值税改革向前迈出了重要一步。

2008 年 12 月 19 日，财政部、国家税务总局联合下发《关于全国实施增值税转型改革若干问题的通知》（财税〔2008〕170 号）规定：1. 自 2009 年 1 月 1 日起，全国所有增值税一般纳税人新购进设备所含的进项税额可以计算抵扣；2. 购进的小汽车、摩托车和游艇应征消费税不得抵扣进项税；3. 取消进口设备增值税免税政策和外商投资企业采购国产设备增值税退税政策；4. 小规模纳税人征收率降低为 3％；5. 将矿产品增值税税率从 13％恢复到 17％。

据统计，2009 年至 2011 年因实施增值税转型改革，累计减少税收收入 5 000 多亿元，明显减轻了企业税收负担，成为截至那时我国历史上单项税制改革减税力度最大的一次改革[①]。

21. 什么是“营改增”？

“营改增”全称是营业税改征增值税，是指以前缴纳营业税的应税项目改成缴纳增值税。

营业税和增值税，是我国两大主体税种。1994 年的分税制

① 肖捷：《继续推进增值税制度改革》，《经济日报》，2012 年 4 月 1 日。

改革中，我国选择在流转环节实行增值税和营业税并行的征税模式，即对除建筑业外的第二产业征收增值税；对大部分第三产业征收营业税。这一模式与当时的经济发展状况是相适应的。但是，随着市场经济的发展和完善，增值税和营业税分立征收的做法，日益显现出其内在的不合理性和缺陷，对经济的运行造成了一系列扭曲，不利于经济结构的转型。因此，实行增值税扩围改革既有利于加快转变经济发展方式，同时也是增值税制度自我完善的关键步骤。

2011年10月26日，国务院常务会议决定从2012年1月1日起，先在上海市交通运输业和部分现代服务业开展深化增值税制度改革（“营改增”）试点，逐步将目前征收营业税的行业改为征收增值税。2011年11月16日财政部、国家税务总局正式发布了《营业税改征增值税试点方案》（财税〔2011〕110号），其中明确提出改革的基本原则是“统筹设计、分步实施”。这就意味着“营改增”改革是一次渐进式改革，相比于之前我国历次改革中强调的“摸着石头过河”，这次改革更多强调统筹设计，要求正确处理改革、发展、稳定的关系，统筹兼顾经济社会发展要求，结合全面推行改革需要和当前实际，科学设计，稳步推进。

22. 为什么营业税与增值税并行20年之后才推行“营改增”？

自改革开放以来，我国对货物和劳务一直实行不同的流转税制，即对货物征收增值税和对劳务征收营业税。我国的增值税和营业税是在1984年第二步"利改税"改革过程中，从原工商税中分离出来的。当时只在工业环节，选择部分产品开征了增值税，其他行业仍然征收营业税。1994年的税制改革本应将货物与劳务全部纳入增值税征税范围，不再实行增值税与营业税并行征收。但当时面临立法技术难题，如金融交易、不动产交易均难以在技术上处理，加之当时税收征管技术和力量也难以胜任全面征收增值税的任务，这些问题在短时间内是难以解决的。出于推进整体税制改革的目的，我国将货物和劳务仍分别征税，针对货物征收增值税，对劳务征收营业税。这是1994年税制改革不得不留下的尾巴。

同时，我国在1994年不但进行了税制改革，还进行了分税制财政体制改革。从改革后的税收制度来看，流转税中的消费税为中央税，增值税为中央与地方共享税，且所得税收入规模不大，如当时取消营业税，地方政府的主体税种就没有着落，这会使得分税制改革难以进行下去。而为了使分税制改革能顺利进行，我国从当时现实出发，就保留了营业税，使其成为地方政府的主要收入来源。

加之，重复征税问题在当时条件下不突出。服务业是第三产业的核心，第三产业的发展主要反映的是服务业的发展。早在1990年12月，党的第十三届中央委员会第七次全体会议在"八五"规划建议中就提出，要大力调整产业结构，重视第三产业发展。我国在1992年明确社会主义市场经济体制建设目标之初，就提出要把产业结构优化升级作为关系全局的主要任务，并强调了以服务业为核心的第三产业的重要地位。1992年6月16日，党中央、国务院发文《中共中央、国务院关于加快发展第三产业的决定》(中发〔1992〕5号)，提出了我国发展第三产业的重大战略意义、目标和重点、主要政策和措施。随后不久，在党的十四大报告中，产业政策作为十个关系全局的主要任务被充分肯定，明确提出要“加快第三产业的发展，使之在国民生产总值中的比重有明显提高”。然而，在1994年税制改革的时候，无论是和世界平均水平相比，还是和我国社会经济发展的现实要求相比，我国服务业的比重与水平还存在着较明显差距。从1994年税制改革前我国第三产业发展情况来看，1991年至1993年，我国第三产业的产值占国内生产总值的比重分别为33.7%、34.8%和33.7%，与发达国家相比，我国这一比重是较低的，这说明我国服务业的发展相对滞后。尽管对服务业征收营业税会造成重复征税问题，但由于第三产业占GDP比重较低，这就使得重复征税问题在当时看来并不是十分突出的问题。

然而，在流转环节并行征收增值税和营业税，必然会导致增值税抵扣链条的断裂，为解决这一问题，我国允许对增值税纳税人购进农产品、外购货物支付运输费用所含税金按一定比例予以抵扣，同时，明确“混合销售”和“兼营行为”的划分。

首先，关于纳税人购进农产品的进项税金扣除，1994年5月5日，财政部和国家税务总局《关于增值税、营业税若干政策规定的通知》(财税字〔1994〕26号)中规定：“增值税一般纳税人向小规模纳税人购买的农业产品，可视为免税农业产品按10%的扣除率计算进项税额。”2008年11月10日，国务院公布修订后的《中华人民共和国增值税暂行条例》(国务院令第538号)中规定：“购进农产品，除取得增值税专用发票或者海关进口增值税专用缴款书外，按照农产品收购发票或者销售发票上注明的农产品买价和13%的扣除率计算的进项税额。进项税额计算公式：进项税额＝买价×扣除率。”

其次，关于纳税人外购货物所支付运输费用的进项税金扣除，1994年4月12日，财政部、国家税务总局印发的《关于运输费用和废旧物资准予抵扣进项税额问题的通知》((94)财税字第012号)中规定：“对增值税一般纳税人外购货物(固定资产除外)所支付的运输费用，根据运费结算单据(普通发票)所列运费金额依10%的扣除率计算进项税额准予扣除，但随同运费支付的装卸费、保险费等其他杂费不得计算扣除进项税额。”1994年10月18日，财政部、国家税务总局印发的《关于增值税几个税收政策问题的通知》(财税字〔1994〕60号)中规定：“依10%的扣除率计算进项税额予以抵扣。纳税人购买或销售免税货物所发生的运输费用，不得计算进项税额抵扣。”为了进一步贯彻国务院关于整顿市场经济秩序的决定，加强对货物运输业的税收管理，2003年10月17日，国家税务总局制定了《货物运输业营业税征收管理试行办法》、《运费发票增值税抵扣管理试行办法》、《货物运输业营业税纳税人认定和年审试行办法》和《货物运输业发票管理流程实施方案》。2008年11月10日，国务院公布修订后的

《中华人民共和国增值税暂行条例》(国务院令第538号)中规定:“购进或者销售货物以及在生产经营过程中支付运输费用的,按照运输费用结算单据上注明的运输费用金额和7%的扣除率计算的进项税额。进项税额计算公式:进项税额=运输费用金额×扣除率。”

再次,明确“混合销售”和“兼营行为”的划分。按照我国现行税法的规定,对提供应税劳务、转让无形资产或销售不动产行为一律征收营业税;对货物销售及工业性加工、修理修配行为一律征收增值税。但是,对于纳税人既涉及货物销售或者工业性加工、修理修配行为,又涉及提供营业税劳务的,则容易出现征税范围界限不清问题。因此,国家税法通过界定“混合销售”与“兼营行为”来进一步明确营业税与增值税的征税范围。

为缓解营业税的重复征税问题,对部分服务业实行差额征税办法,包括交通运输业、建筑业、邮电通信业、金融保险业、文化体育业、服务业以及转让无形资产等。

尽管采取了各种措施以弥补营业税的不足,但随着以服务业为核心的第三产业发展,营业税存在的重复征税等问题还是日益凸显,这对服务业和制造业的发展都形成了制约和束缚,亟须加以改革,以促进经济结构的调整和转型升级。

23. “营改增”的时间表包含了哪些内容?

“营改增”在全国的推开,大致经历了以下三个阶段。2011

年，经国务院批准，财政部、国家税务总局联合下发营业税改增值税试点方案。从 2012 年 1 月 1 日起，在上海交通运输业和部分现代服务业开展营业税改征增值税试点，拉开“营改增”的序幕。2012 年 7 月 25 日，国务院常务会议决定扩大营业税改征增值税试点的范围，并制定了试点扩大的时间表，即：自 2012 年 8 月 1 日起至该年年底，将交通运输业和部分现代服务业纳入营业税改征增值税试点范围，由上海市分批扩大至北京、天津、江苏、浙江、安徽、福建、湖北、广东和宁波、厦门、深圳等八个省、直辖市和三个计划单列市；2013 年继续扩大试点地区，并选择部分行业在全国范围试点。具体时间表为：2012 年 9 月 1 日，北京市；2012 年 10 月 1 日，江苏省和安徽省；2012 年 11 月 1 日，福建省和广东省；2012 年 12 月 1 日，天津市、浙江省和湖北省。

2013 年 4 月 10 日，国务院常务会议决定扩大地区试点，自 2013 年 8 月 1 日起，将交通运输业和部分现代服务业“营改增”试点在全国范围内推开，适当扩大部分现代服务业范围，将广播影视作品的制作、播映、发行等纳入试点。同时，还决定扩大行业试点，择机将铁路运输和邮电通信等行业纳入“营改增”试点，力争“十二五”期间全面完成“营改增”改革。

2014 年 1 月 1 日起，将铁路运输和邮政服务业纳入营业税改征增值税试点，至此交通运输业已全部纳入“营改增”范围；2016 年 3 月 18 日召开的国务院常务会议决定，自 2016 年 5 月 1 日起，中国全面推开“营改增”试点，将建筑业、房地产业、金融业、生活服务业全部纳入“营改增”试点，至此，营业税退出历史舞台，增值税制度将更加规范。这是自1994年分税制改革以来，财税体制的又一次深刻变革。

24. 为什么上海成为“营改增”“第一个吃螃蟹的人”？

之所以首先选择在上海实行“营改增”试点，除了上海对试点积极性较高之外，还有以下三个方面考虑：

第一，上海服务业的典型性与先进性。

作为中国经济最发达的城市，上海市是全国重要的运输枢纽、国际航运中心，服务业门类众多、较为发达，尤其是现代服务业已成为上海重要的经济增长点。试点之前的2011年，三次产业的比例关系为0.6∶41.5∶57.9，第三产业增加值已连续13年占全市生产总值的50%以上，成为引领上海发展的主要动力。其中，批发和零售业、金融业、交通运输仓储和邮政业、房地产业、信息传输计算机服务和软件业等五个行业占上海市生产总值的比重超过40%。以研发服务、信息服务、商务服务和金融服务为代表的知识密集型服务业加快发展，占第三产业的比重已达50%左右，生产性服务业占第三产业的比重达到30%以上。从服务业构成上来看，上海市服务业门类齐全，特别是生产性服务业尤为发达，其门类主要涉及：总集成总承包；专业维修服务；节能环保服务；科技研发服务；创意产业；时尚产业；技术推广、技术转移、技术经纪、科技交流等服务；科研支撑条件共建共享服务；产品质量认证和质量监督检验检测服务；国际服务外包产业公共服务平台建设等。首先选择在上海实行“营改增”试点，不仅可以较为全面地反映改革对服务业的影响状况，提高试点效果评估的有效性，积累改革经验，而且有助于推动上海市现代服务业的进一步发展。

第二，征管机构具有独特优势。

除各银行总行、各保险总公司集中交纳的营业税属于中央收入外，其他行业的营业税收入都属于地方收入。与此相应，各银行总行、各保险总公司的营业税由国家税务局负责征收，其他行业的营业税由地方税务局负责征收。实行“营改增”试点之后，原归属试点地区的营业税收入改征增值税后，收入虽然仍归属试点地区，但征管却改由国家税务局负责。因此，存在收入与征管的协调问题。而上海税务征管机构具有独特优势，国地税虽然名义上分设，但实质为一家，便于征收协调，改征后不会出现可能在其他地方发生的国家税务局和地方税务局争夺税源的问题，有助于改革试点的平稳展开。

第三，财政承受能力较强。

对财政收入的影响，是税制改革需要考虑的一个重要因素。改革试点一般宜选择财政承受能力较强的区域，这样即使某一税种的改革影响财政收入，也不会给地方财政带来严重的影响，便于减少改革所产生的负面效应。从上海市财政收入情况来看，该市税源充裕。2011 年，该市地方财政收入 3 429.8 亿元，比 2010 年同口径增长 19.4%，其中市本级财政收入 1 675.8 亿元，增长 21.5%。虽然地方财政收入居于广东和山东之后，排在全国第三位，但其人均财力却居于全国第一。相对于其他省、直辖市和自治区而言，上海税源较为充裕，财政承受能力较强，“营改增”试点不会导致财政收入出现波动时对政府产生过大压力。

25. 为什么“营改增”试点行业是“1+6”？

“营改增”改革试点在行业模式选择上采取了“1+6”模式，即：“1”是指交通运输业，包括陆路、水路、航空和管道等四大类运输服务，“6”则代表现代服务业的六个行业，包括研发和技术服务、信息技术服务、文化创意服务、物流辅助服务、有形动产租赁服务、鉴证咨询服务。

选择交通运输业试点主要基于以下两点原因：

第一，与生产环节的关联性较强，便于增值税抵扣链条的完整性。交通运输业既具有物质生产的共性，又具有区别于一般物质生产的特性。从物质生产的共性上来看，交通运输业是生产过程在流通领域内的延伸，是价值创造过程的继续。在运输过程中，被运货物的价值实现了增值。马克思曾对交通运输业的生产性质作了深刻分析：“除了采掘工业、农业和加工工业以外，还存在着第四个物质生产领域，……这就是运输业，不论它是客运还是货运。”①从其特性上来看，交通运输业与一般的生产过程又具有明显的不同。对于一般产品生产而言，随着每一个

---

① 《马克思恩格斯全集》第 26 卷，人民出版社 1979 年版，第 444 页。

生产过程的结束，新的产品一般都会被制造出来，而交通运输业则不改变劳动对象的属性和形态，只产生空间位移。因此，交通运输业是一个与生产环节关联性较强的特殊行业。对交通运输业征收营业税而不是增值税，导致增值税的抵扣链条被打断。交通运输业实行“营改增”，有利于增进增值税抵扣链条的完整性，消除重复征税，从而保证纳税人在公平税负的基础上展开竞争。

第二，与增值税制度的关联性较强，可以降低制度转换成本。交通运输业与增值税制度的关联性较强。现行税法规定，接受运输业劳务服务的企业可以按运输发票的7%作为增值税的进项税额抵扣，这也就意味着增值税系统中存在以运输专用发票作抵扣的形式，并且自2007年1月1日起货运发票开始在全国范围内被纳入税控系统。因此，各地对运输发票已经具有一定的管理经验。将交通运输业纳入“营改增”试点范围，具有税收征管方面的技术优势，可以减少制度转换成本。

选择部分现代服务业试点主要基于以下两点原因：

第一，有助于消除制约现代服务业发展的税制瓶颈，促进现代服务业的发展。从世界产业结构优化升级的趋势来看，主要发达国家的经济逐渐向服务型经济转变，基本上确立了以服务型经济为主的产业结构。现代服务业不仅成为经济发展的重要支撑力，而且成为发达国家参与国际竞争的核心产业。其发展水平也已成为衡量现代社会经济发达程度的一个重要标志。从我国现实来看，现代服务业将成为从经济大国迈向经济强国的战略性产业，加快发展现代服务业对于转变经济发展方式，提升国家竞争力，具有重要意义。将部分现代服务业纳入“营改增”试点范围，不仅可以从整体上减少服务业税负，有助于消除制约现代服务业发展的税制瓶颈，为其创造良好的发展环境，而且可以发挥联动减税效应，促进相关行业的发展。

第二，与制造业的关联度高，有助于促使企业分工不断深化。专业化分工既是经济社会发展的结果，又是促使其进一步发展的重要动力。随着经济的发展，专业化分工呈现精细化倾向，除了传统意义上的主辅分离外，更多地体现在制造业和服务业内部及其之间的专业化分工协作。现代服务业主要源于企业内部服务的外部化，生产性服务部门从生产部门中内生分化出来，形成专业化分工的生产性服务企业，提高了产业链的整体效率。但是营业税制存在的重复征税问题，对企业分工的制约愈发显现，使产业链向服务业增值部分的延伸受到抑制。因此，现代服务业，特别是其中与制造业的关联度高的研发和技术服务、信息技术服务、文化创意服务、物流辅助服务、有形动产租赁服务、鉴证咨询服务等行业，纳入“营改增”试点范围，可以减少产业分工细化存在的重复征税因素，有利于制造业领域专业化分工，进而促进制造业产业升级和现代服务业发展。

26. “营改增”后企业是减负还是增负？

2016年5月1日全面推开“营改增”试点以来，国家税务总局联合财政部相继发布了多个政策文件，根据企业共性合理诉求，又作出了多个补充规定，并实施了一系列优化服务的措施，使我国所有行业均实现了税负下降。

具体到每个企业税负增减情况，其投资周期、资本构成、管理情况、政策运用程度等多种因素都会产生影响。由于企业情况千差万别，在统一的税收政策下确实难以做到让所有企业以及企业在所有时段的税负都是降低的。企业税负波动的表现呈现出结构性变动态势：在四大行业（建筑业、房地产业、金融业、生活服务业）的26个小行业中，有的小行业税负上升的企业占比相对多一些，有的少一些，并还在变化之中；有的企业这个月税负上升，下个月税负就下降了；在同一个小行业内，有时是这家企业税负上升，有时是那家企业税负上升。

但应注意到，一些企业“营改增”后反映的税负上升的状况已在逐步发生积极变化。2016年5月全面推开“营改增”试点当月，四大行业中税负上升的纳税人比例是3.9%。经过税企双方共同努力，到7月就降到了2%左右。到2016年11月，四大行业1 069万户试点纳税人中，就只有1.5%的纳税人也就是16万户左右的企业存在不同程度的税负上升问题了。

27. “营改增”后餐饮服务业税负是提高了吗？

2016年5月1日起，“营改增”试点范围扩大到建筑业、房地产业、金融业、生活服务业，并将所有企业新增不动产所含增值税纳入抵扣范围，确保所有行业税负只减不增。餐饮业作为生活服务业中的重要组成部分，“营改增”的全面实施，大大减轻了餐饮行业的税费负担。纳入“营改增”范围前，餐饮业主要税种——营业税的税率为5%，按照2011年公布的《营业税改征增值税试点方案》，餐饮行业纳入“营改增”范围后，一般纳税人税率将调整为6%，而小规模纳税人适用的综合征收率为3%。具体来看，对于一般纳税人，由于原材料采购、买房、租房等占比较大的支出都可以通过取得正规增值税发票来抵扣，实际税负水平明显低于营业税时期的5%。对于小规模纳税人，不仅税率低于征收营业税时期，月营业收入3万元以下时还可以免征增值税。当然，要想更好地实现“营改增”对餐饮业的减税效果，餐饮企业还要全方位、深层次地改进内部管控模式，优化财务管理思路，以及连锁扩张战略，比如选择规范的供应商，形成完整的抵扣链条，重新签订租房、供应、装修和广告等合同，集中享受整个合同期的抵扣红利等。

28. 后“营改增”时代增值税应如何改革？

第一，简并增值税税率。增值税是公认的中性税种，税率越少，越能起到税收中性的作用，税率越多，选择越多，税收中性越难以保证。虽然2017年7月1日起，增值税税率减少到17%、11%、6%和0四档，但相比于其他实行增值税的国家还是较多。在“营改增”改革试点之初，为平衡改革所涉及各方利益，多档并行的增值税税率政策起到了重要的推动作用，是非常必要的，但长远来看还应进一步简并税率，以保持税收中性，减少税收征纳成本。可考虑未来将基本税率加一档非零优惠税率作为改革目标，同时保留现有的出口退税政策，即保留现行的增值税零税率。

第二，清理过渡时期的特殊税收优惠政策。在营业税改征增值税试点过程中，制定过渡性财政扶持政策，有利于政策推进。但是在全国范围内全面推进改革试点的当下，对于个别企业的财政补贴会变相导致税负不公平，且可能导致企业过度依赖财政补贴，不利于其适应新的增值税制度。因此，应该考虑逐步清理过渡期政策，减少过渡期政策的不利影响。

第三，逐步以免征额制度取代起征点和小规模纳税人制度。小规模纳税人制度有诸多弊端，包括破坏增值税的抵扣链条、增加征管成本、工业和服务业标准不统一、影响公平竞争等，且实践证明小规模纳税人的征收率不一定比实行抵扣制的一般纳税人税负低。以起征点制度代替目前的小规模纳税人制度，可以有效解决小规模纳税人制度存在的不足，同时也统一了个体工商户和一般法人企业两套制度。但是起征点制度也存在明显的不足，即起征点制度使起征点上下税负存在陡增的现象，税负公平性存疑。改增值税起征点为免征额，不仅能够解决税制设计本身的不足，避免起征点制度存在的税负陡然变化，而且受益的是小微企业，符合我国当前结构性减税的大方向。实践中改革可以分步进行：在国家财力不允许的情况下，现行以起征点制度代替小规模纳税人制度，部分解决小规模纳税制度的不足；在国家财力允许的情况下，逐步以免征额规定取代小规模纳税人制度和起征点制度，以彻底解决小规模纳税人和起征点制度的不足。改革的推进也可以参考其他改革实践，选取个别地区先行先试，在试点的基础上全面推开。

第四，加快推进增值税立法。我国的增值税法规实际上并存两套，一是《中华人民共和国增值税暂行条例》，适用的是“营改增”之前缴纳增值税的原纳税人，即在中华人民共和国境内销售货物或者提供加工、修理修配劳务以及进口货物的单位和个人；二是《关于全面推开营业税改征增值税试点的通知》，适用的是建筑业、房地产业、金融业、生活服务业等原来缴纳营业税的纳税人。利用“营改增”的过渡期研究合并两套法规，尽快出台法律层面的增值税法，不仅是增值税改革的需要，也是落实党的十八届三中全会“税收法定”要求的一项重要改革任务。

第五，进一步深化财政体制改革。针对“营改增”之后地方政府减收的具体情况，国务院按照党的十八届三中全会关于“保持现有中央和地方财力格局总体稳定，结合税制改革，考虑税种属性，进一步理顺中央和地方收入划分”的要求，同时考虑到税制改革未完全到位，决定暂时调整增值税收入在政府间的分享比例。虽然过渡期政策能够在短期内缓解地方政府财力减少的局面，但从长期来看，还是应以“营改增”为契机，加快研究中央和地方事权和支出责任划分方案，继而推进地方税体系建设。

消 费 税

情景 3：奢侈品消费税

近年来，出国旅游的人越来越多，一些游客到国外购买奢侈品带回国内，这个现象引发了国内对于奢侈品消费税降还是升的争论。有人认为，这种现象不利于扩大内需，并把其原因归结为对进口奢侈品征收消费税，呼吁取消或降低奢侈品进口消费税。也有人认为，降低只有少数人才能消费得起的奢侈品消费税，会更加激化收入分配不均的社会矛盾，不利于社会和谐，不但不能取消或降低，还应进一步提高和加强。

29. 什么是消费税?

消费税(特种货物及劳务税)是以消费品的流转额作为征税对象的各种税收的统称。政府向消费品征收的这一税项，可从批发商环节或零售商环节征收。消费税是一种典型的间接税。我国的消费税是1994年税制改革在流转税中新设置的一个税种。消费税实行价内税，只在应税消费品的生产、委托加工和进口环节缴纳，在以后的批发、零售等环节，因为价款中已包含消费税，因此不用再缴纳消费税，税款最终由消费者承担。消费税的纳税人是我国境内生产、委托加工、零售和进口《中华人民共和国消费税暂行条例》规定的应税消费品的单位和个人。

30. 奶粉价格高都是消费税惹的祸吗？

现行消费税税目里没有奶粉一项，奶粉价格里并不包括消费税。同时，与其他国家相比，我国进口婴幼儿奶粉关税也处于较低水平，对从我国最大的进口来源地新西兰进口的罐装奶粉，关税已降低至零。因此，奶粉价格高不是高在税上，而是高在销售中的若干环节，因为本土生产的奶粉缺乏公信力导致了“洋奶粉”的需求旺盛，从而形成“卖方市场”，造成每一个可能抬价的消费环节都往上抬价来夺取更多的利润。

31. 私人飞机、私人游艇要不要征收消费税？

《财政部 国家税务总局关于调整和完善消费税政策的通知》(财税〔2006〕33 号)新增高尔夫球及球具、高档手表、游艇、木制一次性筷子、实木地板税收项目。适用税率分别为：高尔夫球及球具税率为 10%；高档手表税率为 20%；游艇税率为

10%；木制一次性筷子税率为5%；实木地板税率为5%。

32. 汞镉电池是否要征收消费税？

财政部《关于对电池 涂料征收消费税的通知》（财税〔2015〕16号）规定，自2015年2月1日起，将电池列入消费税征收范围，在生产、委托加工和进口环节征收，适用税率为4%，对无汞原电池、金属氢化物镍蓄电池、锂原电池、锂离子蓄电池、太阳能电池、燃料电池和全钒液流电池免征消费税。因此，汞镉电池要征收4%的消费税。

33. 成品油中有多少消费税？

成品油消费税是指消费者在消费汽油、柴油、石脑油、溶剂油、航空煤油、润滑油、燃料油等七种成品油时交纳的消费税。2012年9月20日，国家税务总局政策法规司工作人员透露，消费税改革中或将试点在加油站对消费者征收成品油消费税，将这种消费税从向企业征收改为向居民个人征收。

财政部2015年1月12日宣布自2015年1月13日起，将再次上调汽柴油消费税。汽油、石脑油等的消费税单位税额由1.4元/升提高到1.52元/升，将柴油、航空煤油和燃料油的消费税单位税额由1.1元/升提高到1.2元/升。

资 源 税

情景4：煤炭资源税

人民网网友：以煤老板为代表的一些靠卖国家资源暴富的案例，说明我们国家征收的资源税过低，对煤炭等经济命脉资源产品的价格管理过松、价格定得过高。这是国家制度的悲哀，错不在这些煤老板。

因此，我们国家要大幅度提高煤炭等资源产品的税率，同时限定这类产品的价格。因为煤炭等资源产品是国民经济的命脉，是社会生产的必需品。不限价就会出现税高价高的恶性循环，煤老板依然暴利。请问国税局有没有对资源税征收标准调整和征管方式改革的计划？又该如何改革？

国家税务总局：由于煤炭等资源税改革牵涉面广、政策性强，特别是涉及较为复杂的清费立税问题，近年来，我局对此一直予以高度关注，并积极配合相关部门共同调研，将按国务院的整体部署开展有关工作。

34. 什么是资源税？

资源税是以各种自然资源为课税对象，开采或生产应税产品的单位和个人是纳税人，其征收目的是体现国有资源有偿使用原则，发挥保护资源、有效利用资源并调节资源级差收入的作用。

资源税有两种课征方式：一是以自然资源开发权、占用权本身为计税依据，这种自然资源开发权、占用权必须是企业、私人拥有的；二是以自然资源的收益为计税依据，这种自然资源往往为国家所有。

资源课税的特征可以归纳为以下四点：第一，课税比较公平，企业或个人占用的国家资源的多少和质量高低直接影响纳税人的收益水平，课税可以调节纳税人的级差收入，也合乎收益纳税原则。第二，资源课税可以促进自然资源合理开发和使用，防止资源的无效损耗。第三，课税带有选择性，不可能遍及所有资源。第四，课税对象属地性质较明显，信息掌握上地方政府有优势，因此资源课税除海洋石油外，一般是作为地方税种。

35. 什么是从量计征？什么是从价计征？

从资源税的计征方式来看，主要有三种类型：从量型（以数量为计征基础）、从价型（以价格为计征基础）和从利型（以利润为计征基础）。

从利型计征方式充分考虑了企业的收益和成本情况，对企业收益的调节效果最佳，公平性最强，但它最大的不足在于对政府的征管能力和企业的遵从程度要求很高，且政府实现收入的不确定性很强。因此，从国际经验来看，目前只有征管体系最为完善的几个发达国家如美国、加拿大、澳大利亚等采用。

表2-2　资源税计征方式的比较

计征方式	利弊分析	
	优　点	缺　点
从利型	充分考虑了企业的收益和成本情况，对企业收益的调节效果最佳，公平性最强	对政府的征管能力和企业的遵从程度要求很高，且政府实现收入的不确定性很强
从量型	征管便利，且收入稳定性最强	收入与资源产品的价格完全脱节
从价型	收入可以体现价格波动	市场价格变化不大或者低价值的某些矿产资源仍可先沿用现行的从量计征方式

从量计征方式最大的优点是征管便利，且收入稳定性最强。但与从价计征方式相比，它的最大弊端是收入与资源产品的价格完全脱节，价格上涨，税额不增，价格下降，税额不减。虽然在理论上，可以通过对税额标准进行调整来消除这一缺陷，但由于现实中税额水平偏低而资源价格波动较大，以及确定和调整矿产品资源等级和税额以及计征上也较为复杂，导致未能及时对各类资源的税额进行调整，这些外部因素进一步放大了从量计征方式的缺陷。在因为自然资源的稀缺性而导致资源价格呈现逐渐上涨的总体趋势下，以及市场经济中不可避免发生的价格

波动情况下，从价计征所表现出来的优点要更为突出。因此，世界各国大多采用从价计征方式作为权利金（或资源税）的主要计征方式。在我国，资源税由从量计征改为从价计征，也合乎逻辑地成为资源税改革的基本方向。

我国已经对石油、天然气、煤炭的资源税进行了从价计征改革，下一步应该尽快将从价计征方式推及金属矿产品等重要矿产资源。

36. 改革后的煤炭资源税如何计征？

财政部、国家税务总局在发布的《关于实施煤炭资源税改革的通知》（财税〔2014〕72 号）中明确规定，为促进资源节约集约利用和环境保护，推动转变经济发展方式，规范资源税费制度，经国务院批准，自 2014 年 12 月 1 日起在全国范围内实施煤炭资源税从价计征改革，同时清理相关收费基金。

煤炭资源税实行从价定率计征。煤炭应税产品（以下简称应税煤炭）包括原煤和以未税原煤加工的洗选煤（以下简称洗选煤）。应纳税额的计算公式如下：

应纳税额＝应税煤炭销售额×适用税率

37. 资源税的全面改革会增加企业负担吗？

长期以来，资源税实行的是从量定额征收方式。自 2010 年

6月1日起，我国在新疆率先进行了资源税从价计征改革试点，原油、天然气资源税的征收方法由从量定额计征改为从价定率计征，税率为5%。2010年12月1日起，原油、天然气资源税改革试点推进到其他西部省（区）。2011年11月1日起，原油、天然气资源税的从价计征改革推广到全国范围，并取消了对外合作开采海洋和陆上油气资源征收的矿区使用费，统一改征资源税。2013年1月1日起，在湖南省对铅锌矿和石墨、在湖北省对磷矿石实行了资源税从价计征改革试点。2014年9月29日国务院第六十四次常务会议决定，自2014年12月1日起在全国范围内实施煤炭资源税从价计征改革，同时清理相关收费基金。2014年10月9日，财政部、国家税务总局联合发布《关于实施煤炭资源税改革的通知》（财税〔2014〕72号），规定煤炭资源税的税率幅度为2%～10%，具体适用税率由省级财税部门在上述幅度内，根据本地区清理收费基金、企业承受能力、煤炭资源条件等因素提出建议，报省级人民政府拟定。同时发布的《关于调整原油、天然气资源税有关政策的通知》（财税〔2014〕73号），将原油、天然气资源税适用税率由5%提高到6%。

矿产资源补偿费开征于1994年，征收对象是境内开采的矿产资源，实行从价计征的方式，按照矿产品销售收入的一定比例，并结合矿产品的开采回采率系数计征，费率范围为0.5%～4%。2012年4月1日起，矿产资源补偿费征收范围扩大到了中外合作开采的陆上、海上石油资源。2014年10月10日，财政部、国家发展改革委发布《关于全面清理涉及煤炭原油天然气收费基金有关问题的通知》(财税〔2014〕74 号)，规定自 2014 年 12 月 1 日起，在全国范围统一将煤炭、原油、天然气矿产资源补偿费费率降为零。本次改革同时明确了对今后实行从价计征改革的其他资源品目，均比照煤炭资源税改革清费原则处理。这意味着矿产资源补偿费将逐步被取消。

探矿权采矿权(也可简称为矿业权)价款是指国家将其出资勘查形成矿产地的探矿权采矿权出让给有关单位和个人时取得的收入，分为探矿权价款和采矿权价款两类。探矿权采矿权价款以评估矿产资源的价值为依据，一次或分期缴纳。自 2006 年起，国家规定探矿权采矿权全面实行有偿取得制度。对新设的探矿权采矿权，除按规定允许以申请在先方式或以协议方式出让的以外，一律以招标、拍卖、挂牌等市场竞争方式出让；对之前无偿占有属于国家出资形成的探矿权采矿权，以资金、折股或转增国家资本金方式缴纳。近年来，矿业权价款制度和配置方式不断完善。据国土资源部发布的统计数据显示，2014 年共出让探矿权 1 270 个，出让价款 59.5 亿元，同比增长 331.6%；出让采矿权 2 326 个，出让价款 62.9 亿元，同比增长 19.1%；以招拍挂方式出让探矿权、采矿权的比例分别为 39.2%和 86.5%，市场化配置程度进一步提高。

石油特别收益金是指在国内原油价格超过一定水平时，国家按一定比例对石油开采企业销售国产石油获得的超额收入征收的特别收入。2006 年 3 月 25 日，财政部印发了《石油特别收益金征收管理办法》(财企〔2006〕72 号)，自 2006 年 3 月 26 日起执行。石油特别收益金实行五级超额累进从价定率计征，征收比率按石油开采企业销售原油的月加权平均价格确定，最低为20%，最高为40%。石油特别收益金开征初期，起征点设定为40美元/桶。2011年11月1日石油天然气资源税改革在全国施行后，为平衡石油开采企业的税费负担，石油特别收益金的起征点上调到了55美元/桶。2014年国际油价暴跌，为减轻石油开采企业的负担，自2015年1月1日起，起征点进一步提高至65美元/桶。

38. 水、森林、草原和滩涂资源要缴纳资源税吗？

我国目前资源税的征税范围主要集中在矿产资源等不可再生资源上，在未来条件许可的情况下，可考虑将水资源、森林资源、草场资源、耕地资源等可再生资源也纳入资源税的征税范围。

河北正在试点水资源税。

房产税（房地产税）

39. 什么是房产税（房地产税）？

本书中所称的“房产税”，是指1986年全国人大授权国务院依照暂行条例开征的税种，当时个人住房免纳房产税。但 2011 年上海、重庆两地，在房产税的框架内启动了把居民住房的一部分纳入征税范围的改革试点，并引起了社会各方高度关注和热议。这种在居民住房的保有(持有)环节于我国从无到有的税收，在中国共产党十八届三中全会的《决定》中，又称其为“房地产税”，要求加快房地产税立法并适时推进改革。

要弄明白什么是“房地产税”，首先要理解什么是“房地产”。实际上房产和地产合在一起就叫“房地产”，指的是土地、建筑物及附着在土地、建筑上不可能分离的部分及其附带的各种权益。无论是房产还是地产，无论从自然属性还是从法规角度来讲，一般都具有不可移动的特点，所以房地产又被称为“不动产”。房地产与我们老百姓日常生活密不可分，可以说是生存和发展的基本条件之一。我们日常居住的房屋、上班的写字楼、购物去的商场、旅游住的度假村、公务活动下榻的酒店……无一不属于房地产的范围。

弄明白什么是“房地产”之后，应可以进一步搞清楚什么是“房产”。房产属于房地产范围，法律上房产特指房屋产权，是房屋的所有者按照国家法律规定所享受的权利，包括对房屋财产的占有权、使用权、收益权和处分权。房屋产权通常并不是单一的，而是一种复合权利，包括两个组成部分：一个是房屋所有权，一个是土地使用权。这一点特别值得注意：在我国，房产中的房屋所有权是没有规定期限的，也就是说房屋所有权的期限为永久所有，而房产中的土地使用权有明确规定的使用期限，按照法律对具体土地的规定，分为40年、50年和70年不等。日常生活中，我们在买卖房屋的过程中，经常听到关于房屋多少年产权的讨论，其实概念上并不准确，因为这种讨论通常针对的并不是整个房屋产权，而只是房屋产权中的土地使用权。

房地产税体系的概念比房地产税的概念要宽泛许多，指的是国家或地区对房地产课税的总称，是由各种不同的与房地产相关的税组合形成的一整套税收体系。其实，房地产税与我们的日常生活是息息相关的，许多税种并不陌生。在现实生活中，房屋产权通常可以有两种状态：一种是产权所有人持续拥有的房屋产权保有状态，一种是原产权所有人将房屋产权出售给新产权所有人的房屋产权流转状态。相应地，我们就不难理解房地产税主要分为两大类，即保有环节房地产税（房地产保有税）和流转环节房地产税（房地产交易税）。房地产税体现在交易环节中，包括了对房地产转让和租赁时对营业额或收入额征收的营业税及附加，对所有权发生转变时按照房地产价格的一定比例征收的契税，对房地产交易凭证征收的印花税等；房地产税体现在保有环节中，包括了对占有使用城镇土地而征收的城镇土地使用税，以及以房屋为征收对象向房屋产权所有人征收的房地产税等。当然，除此之外，还包括与房地产相关的所得环节，国家对以各种形式进行房地产开发、交易所得利润征收的企业所得税和个人所得税。

在此，特别值得说明的是，我们在本书中所说的“房地产税”，特指在房地产保有环节对房屋征收的税种，是以房屋为征收对象在房地产保有环节向房屋产权所有人征收的一种财产税。我们国家一直以来强调的“房地产税改革”，所指的就是保有环节房地产税的开征以及一系列相关配套改革。

人们往往更为关心的是，到底房地产税的开征是不是简单地增加了一个新税种呢？其实并非如此。在整个房地产税体系中，保有环节房地产税的开征并不是简单地增加一个新税种，而是要对现在房地产税制进行重新设计，使之更为科学合理，符合我国市场经济体制下的现代税制的要求，税种数量是有增有减的。

而提起“房地产税”这个概念，我们还不得不说到在日常生活、新闻媒体中经常看到和使用的其他概念，主要有“物业税”、“财产税”、“不动产税”等。

“物业税”这个概念来源于中国香港，指的是对不动产出租收入征收的税。从税收的专业视角来评定，物业税属于所得税的一种，而我们所说的房地产税则是财产税的一种。物业税的征收对象是出租不动产而获得的租金收入，也就是说，香港房屋产权的所有人若将房屋进行出租，并因此获得了租金收入，那么这些租金收入必须按照香港特别行政区的相关法规来缴纳物业税；而房地产税的征收对象是房产，也就是说，只要房屋是隶属于房屋产权所有人名下，该所有人就必须按照规定缴纳房地产税。

其实，我们对“物业税”这个说法并不陌生，因为早在2003年我们国家就开启了“物业税模拟空转试点”。在此，特别值得注意的是，虽然空转的税名字叫作“物业税”，但是这轮试点所尝试开展的税却并不是香港特别行政区所指的本来意义上的物业税，而是真正意义上的保有环节房地产税。换句话说，房地产税的空转和试点在启动之初只是借用了香港“物业税”这样一个名字，并且这个名字已经在2010年前后逐渐淡化，转而更多地采用“房地产税”的说法。然而，由于我们曾经采用过“物业税”的名称，所以现在无论是学界、媒体还是百姓口口相传中有时候仍然习惯继续沿用此名，虽然这两种说法不同，看上去像是在说两种不同的税，但实际上在我们国家的改革中所指的税种一直没有变过，也没有任何不同，都是指保有环节开征的房地产税。

财产税的概念最初源于欧美等发达国家，英文叫作“Property Tax”，直译成中文就是“财产税”，而财产税体系中最重要的部分就是房地产税，这种税以土地及建筑物等不动产为课税对象。严格地讲，财产税是一个更为综合的概念，包含的税种更多，范围也更加广泛，而房地产税往往是作为一个重要的组成部分涵盖在其中。但在美国，在地方政府层面开征的房地产税，大都是以“财产税”的称呼出现的。

不动产税的概念与房地产税基本没有大的区别，“不动产”这个说法听起来似乎要比“房地产”的概念要宽泛一些，但是在实际的经济生活中，不动产通常或者说主要指的就是土地和房屋。

40. 为什么要考虑开征房地产税？

房地产税可以带来多种正面效应。

房地产税形成了不动产（包括住房）保有环节各个年度对于持有者的税收负担，即形成依据税法的住房持有成本，有利于抑制对于住房的市场炒作和炒作引起的泡沫化倾向，有助于房地产市场的健康发展和房价的沉稳。所以说，房地产税可促使我国房地产调控体现应有的“治本”水准和形成长效机制。

房地产税还能够帮助增加住房市场上购买者对中小户型的需求。房地产税的一大作用就是调节房地产消费的高端，特别要针对面积特大、特别奢华、普通百姓难以企及的住房来征收，而这样的调节至少将产生两个效果：第一，经济实力尚未达到相应水准的但原本想“跳一跳摘果子”的购房者会受到房地产税的影响而放弃购买此类住房；第二，热衷于追求建造所谓“高、大、上”小区而瞄准少数高端购房者市场的部分房地产开发商会考虑转向多建中低端住房。这样一来，一方面，我们在有限的土地面积上能够得到更多的住房，实现土地资源的集约利用，这对于我国这样的人口大国而言是非常重要的；另一方面，减少占地面积大、奢华型住房的数量，对于我们国家城镇化发展的健康和谐也有重要意义。

房地产税有利于减少中低收入者的“税收痛苦”。好多人认为房地产税的开征会增加一般老百姓的税收负担，但实际上并不是这样的。从税收种类上来说，房地产税这样的财产税属于直接税，开征房地产税就意味着提高我们国家税收体系中直接税的比重、降低间接税的比重。直接税不像间接税那样容易转嫁，也就是说可以如愿以偿地调节到社会收入结构中的高端人群，从而可以置换、替代间接税收入，减少中低收入人群的税收负担和税收痛苦。我们国家的税收体制一直以来都是间接税比重偏高，这些间接税带来的税收负担，很容易转移给中低收入人群，所以中低收入群体税负总体上来看是偏重的。房地产税的开征，一方面，可以将以往开征的多种间接税负担并入房地产税这一税种中来，减少大多数老百姓的税收负担；另一方面，作为直接税，房地产税的税负不能轻易转嫁给别人，而且房地产税主要是调节高端，这样就可以让更多高收入者、富裕者缴纳更多的税收，为大多数老百姓减少税收负担。调节社会收入结构中的高端人群，在实际运行中应该具有非常明确的"削富济贫"效果，而不是增加老百姓的税收负担。除此之外，房地产税所增加的税收收入还可以优先用于住房保障体系建设，定向使用，造福于民。

在保有环节房地产税的调节下，合理的局面应该是：先富起来的人、住豪宅的人、有多套房的人，他们适当地对公共财政收入多做一些贡献，这符合支付能力原则，不会对他们"伤筋动骨"。而公共财政收入中添加了这样一些财力后，在更好地优化税制的同时，可以更好地去扶助处于相对弱势的社会成员，使其共享改革开放的成果，提升他们的幸福感。

由于房地产税与社会公众的不动产形成十分直接的关联，客观上可以推进我国"税收法定"和税务民主化、法治化的制度建设，因为它作为配置在地方、基层的直接税，牵动千家万户的利益，十分需要在社区、地方辖区形成广泛、实质性的公众参与，以高透明度首先满足公众的知情权，进而公众就会运用质询权、建议权、监督权、问责权，培养和形成民主化、法治化的制度要素和社会习惯，带动提高纳税意识、公民意识、公众参与式预算的公众培训和机制培育。这对于必须大力提高现代国家治理水平的中国意义深远，这可谓以基层“民主税”式的制度建设来推进民主化、法治化进程。

除此之外，保有环节开征房地产税的主要原因还涉及宏观层面，这个层面理解起来相对抽象，但是却也实实在在与我们国家经济的长期发展息息相关，与我们老百姓是唇齿相依的。因为开征房地产税不仅事关现有房地产税收体系的重新调整，而且涉及我们国家分级分税财政体制改革的深化，是一个需要通盘考虑的中长期制度建设问题。从房地产税改革试点入手，目标是打造我国地方政府所必须掌握的地方税体系中主体税种的框架，为在省以下贯彻落实分税制和使地方政府行为依照合理的制度安排而长期化创造基本条件。使房地产税逐步成为地方政府的主要税源之一，不仅在大多数区域具有城镇化、工业化推进中的现实可能性，而且有“内生地”引致地方政府职能按照市场经济客观要求实现合理转化的“内洽性”：因为地方政府在感知这一税收可提供大宗、稳定的税源，并且隔一段时间需重评一次税基的情况下，会倾向于专心致志地提升本地公共服务水平，优化本地投资环境，以促使辖区内不动产进入升值轨道，这样本地政府的“财源建设”问题就会自然而然地解决了。这种地方政府职能的自觉转变，对于中国的市场经济体制建设的贡献，是具有全局意义的。

房地产税改革也是我国新一轮房地产“调控新政”中的制度建设内容，事关各方利益和调控的水准与中长期效果。房地产领域的重要性和复杂性、敏感性，随中国经济的成长、经济体制和社会形态的转变而正在前所未有地凸显。

当然，仅仅作为一个税种，房地产税难以改变中国今后几十年间城市化水平不断提升中的住房房价上扬趋势，但房地产税一定有对冲房价上升、使过程较平稳、减少泡沫的效应。

我们国家住房福利分配制度向市场化配置发生演变以来，已有比较丰富的实践探索。基于相关经验总结和政策理性，我们应当明确树立房地产领域宏观调控层面的“双轨统筹”框架目标，“让政府的归政府，让市场的归市场”。如果我们通盘考虑市场经济发展与和谐社会建设，就必须在信贷手段、行政手段之外，加上改革深化、制度建设、法制进步因素，这样才能在“标本兼治”中，体现“治本为上”的调控高水准，回应各方的关切。如果房地产税不出台，仍在进行的这一轮房地产调控与过去若干年的调控将不会有本质区别，也改变不了房地产调控中的保有环节税收的制度缺失问题，甚至很有可能重新陷入治乱循环的怪圈。因此，在出台房地产行业相关的税收政策时，应将短期与中长期结合起来考虑，突出制度建设的主线，尽量为中国今后几十年的发展和国家治理现代化打好制度基础。

41. 房产税是对增量征收还是对存量征收?

所谓的增量征收还是存量征收，又称“新房”还是“旧房”征收问题。以房产税改革实施日为截点，改革之前的居民存量住房称为“旧房”，之后的增量住房称为“新房”。增量征收还是存量征收的问题，源于 2011 年我国在上海、重庆两地开展的房产税试点的两种不同的方式。

增量征收。根据国务院第 136 次常务会议有关精神，上海市发布《上海市开展对部分个人住房征收房产税试点的暂行办法》(以下简称《暂行办法》)的通知，规定自 2011 年 1 月 28 日起对部分个人住房征收房产税试点。上海市的房产税试点采取的即是所谓的“增量征收”，是指自《暂行办法》施行之日起的所有新增的交易房产为房产税的征收对象，2011 年 1 月 28 之前进行交易的房产都不在课征范围之内。但值得注意的是，所谓“增量征收”，是相对于房产交易施行试点的时间而言，而非房产本身的新建和存量的概念。

导读 4：重庆、上海房产税试点征税对象

上海房产税征税对象：征收对象为《暂行办法》施行之日起本市居民家庭在本市新购且属于该居民家庭第二套及以上的住房(包括新购的二手存量住房和新建商品住房)和非本市居民家庭在本市新购的住房。新购住房的购房时间，以购房

合同网上备案的日期为准。

重庆房产税征税对象：个人住房房产税的征收对象为个人拥有的独栋商品住宅，个人新购的高档住房，在重庆市同时无户籍、无企业、无工作的个人新购的第二套(含)以上的普通住房。未列入征税范围的个人高档住房、多套普通住房，将适时纳入征税范围。

独栋商品住宅是指房地产商品房开发项目中在国有土地上依法修建的独立、单栋且与相邻房屋无共墙、无连接的成套住宅。

高档住房是指建筑面积交易单价达到上两年主城九区新建商品住房成交建筑面积均价2倍(含)以上的住房。

新购住房是指《重庆市人民政府关于进行对部分个人住房征收房产税改革试点的暂行办法》施行之日起购买的住房，包括新建商品住房和存量住房。新建商品住房购买时间以签订购房合同并提交房屋所在地房地产交易与权属登记中心的时间为准，存量住房购买时间以办理房屋权属转移、变更登记手续时间为准。

存量征收。存量征收，是相对于增量征收而言的另一种情况，就是对现有在我国境内拥有建筑物所有权及土地使用权的单位和个人，即房地产业主进行征税，而不以是否新购房作为划分标准。

与上海的规定不同，重庆市房产税的征税对象则是“高档存量＋增量”的概念，即独栋商品住宅是“存量＋增量”的模式，对符合条件的高档住房，则是同上海房产税试点一样的方式，即“增量征收”。

对增量还是存量征税，一直是关于房产税争论的核心问题之一。重庆和上海房产税试点选择增量征收方式“破题”，主要出于两方面考虑：一是暂时回避或基本回避了对存量房的征税，可以不太触及既得利益，有利于改革试点的稳步推进；二是增量征收的税基容易确认，改革难度降低。

以增量征收破冰试点，有关方面更多的考虑是为房产税的改革积累经验，也是为了确保改革顺利实施推出基本框架。但仅仅对增量征收就易产生不容回避的公平问题。同样是房产，仅仅因为购买时间的差异而产生税负差异，显然有悖税收公平原则。另一方面，在政策具体实施之前增量征收也催生了新一轮“避税抢购潮”。从上海的试点情况看，当时房产税试点的预期越来越强，促使部分购房者为避税而“赶末班车”购买大户型房产。

网民观点：增量征收还是存量征收？

博主“顾海波”说，房产税实际上就是保有税，只要符合法律法规，房产税就应该存量、增量一起征。当然，对于一套房、保障房可不征或象征性征，这有利于中国房地产业的长治久安。

博主“陈真诚”说，对于存量房按评估值开征房产税，房地产评估办法与技术，其实已经在一些地区进行了多年的研究与准备，笔者认为在这方面已不存在太大的技术性难题。

有网民总结道，针对增量进行征税的改革阻力较小，便于试点和扩容顺利进行，但这并不意味着可以长期回避存量，开征房产税从交易环节转向持有环节是大势所趋。

在绝大部分开征房地产税的国家，保有环节的税收采用的是普遍征收的模式。中国今后的房地产税改革，是否应该采用这一模式呢？这是当下民众最为关心的一个问题。

我们认为，当下我国保有环节的税收不能简单套用美国的普遍征收模式。在可以预见的很长时期内，可能需要坚持住房保有环节税收只是调节高端。但应一起覆盖高端的增量和存量，之后采用渐进的模式，在按照住房的市场评估值为计税依据进行征收的情况下，可逐步扩大到居民存量住房的更大范围，即适当放宽“高端”的具体界限。否则，房地产税改革的阻力就会大到无法进行。以公职人员为例，在国家机关的人，一年到头非常辛苦，工作状态是“白加黑”、“五加二”，这部分人最大的实惠就是前些年房改以后，得到了单位所分房屋的完全产权。如果对所有房屋征收房地产税，这些人也是会极力反对的。所以要尽早明确基本住房部分不征税。比如，可以考虑提出立法建议：不管家庭富裕程度如何，独立别墅除外，对第一套房都不征收房产税，这样给全社会吃一颗“定心丸”。即使是富豪，即使第一套房是 300 平方米豪华公寓，也给予免税，这有利于使这种税制框架在中国比较顺利地成型。

42. 只针对高档住宅征税还是对所有住宅都征税？

观点之争：只针对高档住宅征税还是对所有住宅都征税？

贾康：房产税改革应该是坚持只调节高端，即扣除“第一单位”，若放弃这一要领，实际上改革就无法进行。

王小广：就是一户一套房，多出的就征税，不需要区分高档住宅还是普通住宅。

倪建达：只针对高档住房。

赵忠秀：针对高档住宅比较得民心，若针对所有住宅会引起民怨，除非对第一套住房免征。

黄建中：有差别的税率，高档房肯定要高一些，普通房可以低一些甚至不征收，不应该对大多数人再增加税收负担。

这个问题涉及房地产税征税范围以及改革的步骤等。我们已经提到，在可以预见的很长时期内，应当考虑住房保有环节税收只是调节高端。之后采用渐进的模式，在以住房的市场评估值作为计税依据进行征收的情况下，逐步放宽"高端"的具体界限，适当扩大征收面。

按"调节高端"原则把覆盖面扩大到城镇个人住宅。在这个原则下，房地产税改革将给出"住房第一单位"或称"基本住房条件"的扣除即免税，按"调节高端"原则覆盖城镇个人住宅（未来也不排除扩大到农村地区）。问题是如何通过规定适当的免税项目和免征额将低端的"第一单位"排除在纳税以外。

但高端并不等于就是"高档住宅"。现行的法律规章并不采用"高档住宅"这一概念，而是采用"普通住房"和"非普通住房"的概念。如何界定普通住宅和非普通住宅？是按照面积大小、单价高低还是按照房屋总值来区分呢？理论界争论不一，各地的做法也各有差异。

财政部、国家税务总局发布了《关于调整个人住房转让营业税政策的通知》（财税〔2011〕12 号），自 2011 年 1 月 27 日起，个人将购买不足 5 年的住房对外销售的，全额征收营业税；个人将购买超过 5 年（含 5 年）的非普通住房对外销售的，按照其销售收入减去购买房屋的价款后的差额征收营业税；个人将购买超过 5 年（含 5 年）的普通住房对外销售的，免征营业税。其中，普通住房与非普通住房的标准，应根据《国务院办公厅转发建设部等部门关于做好稳定住房价格工作意见的通知》（国办发〔2005〕

26 号)规定加以界定：住宅小区建筑容积率在 1.0 以上、单套建筑面积在 120 平方米以下、实际成交价格低于同级别土地上住房平均交易价格 1.2 倍以下。各省、自治区、直辖市要根据实际情况，制定本地区享受优惠政策普通住房的具体标准。允许单套建筑面积和价格标准适当浮动，但向上浮动的比例不得超过上述标准的 20%。

因此，不同地区普通住房与非普通住房各地都有自己的标准，各地区大多按照上浮 20%的标准执行，即 144 平方米。如厦门市规定自 2014 年 1 月 1 日起，享受优惠政策普通住房应同时满足以下条件：1. 住宅小区建筑容积率在 1.0(不含)以上；2. 单套建筑面积在 144 平方米(含)以下；3. 岛内(思明区、湖里区)住房单套总价在 300 万元(含)以下，岛外(海沧区、集美区、同安区、翔安区)住房单套总价在 220 万元(含)以下。

《重庆市个人住房房产税征收管理实施细则》规定个人住房房产税的征收对象为个人拥有的独栋商品住宅，个人新购的高档住房需缴纳房产税。其中，独栋商品住宅是指房地产商品房开发项目中在国有土地上依法修建的独立、单栋且与相邻房屋无共墙、无连接的成套住宅。高档住房是指建筑面积交易单价达到上两年主城九区新建商品住房成交建筑面积均价 2 倍(含)以上的住房。

是否简单地以房屋面积作为区分普通住宅和高档住宅的标准呢？本着房地产税调节“高端”的原则，恐怕不能以普通住宅和非普通住宅作为是否征税的标准，可以参考重庆市的做法，将房屋面积和房屋单价结合起来考虑，并赋予地方政府一定的自由裁量权。

43. 按照人均面积还是家庭拥有房屋套数征税？

观点之争：房地产税是按照人均面积还是家庭拥有房屋套数征税？

贾康：按套数或人均面积扣除都是可以考虑的方案。但是按人均面积存在管理上的麻烦，就是人口出现变化怎么办？

王小广：在中国只能以套数为标准，不能以面积，用面积就复杂了。中国住房政策的核心应该是"一户一套住房"，第一套住房享受最优惠待遇，第二套和以上就与第一套享受的待遇有很大差别。但不用在意第一套是别墅还是普通住宅，不让富人住大房子是没有道理的，并不存在绝对的公平，要给大家改善住房的空间。

倪建达：应该按家庭套数征税。

赵忠秀：为起到调控的短期目的，应该以套数征税。从长期制度性建设来讲，应该以人均面积计算（予以一定的扣除额，按不同地区有所差别）。

黄建中：两个结合起来更好，但可以以人均面积为主。

资料来源：http://finance.qq.com/a/20130315/001132.htm。

房地产税是按照人均面积还是家庭拥有房屋套数征税？这是房地产税制度设计中争议最多的环节之一，涉及房地产税的税收优惠政策和征收方式。

按"人均面积"的操作思路，不论是社科院报告提出的人均40平方米，还是提到60平方米、80平方米，都存在一个网上以"假设情境"提出的问题：假设一家三口，每人40平方米，一套房子刚好120平方米不交税。但孩子不幸在车祸中身亡，三口人变成两口人，正当二老悲痛欲绝时，"当当当"有人敲门，税务人员来通知："你们家的情况已经变化，该交房产税了！"上述假设给我们的启示就是，不仅要考虑税制设计的精细化和"严丝合缝"，还要考虑当情况发生变化时确实还有些特殊情况和"人情"因素，老百姓会很在意这些。考虑到这些情况，中国的房地产税设计至少在建立时可能需要更放宽一点。

如果从"放宽些"来设想，应可讨论房地产税的开征不涉及"第一套房"，使投资房成为房地产税调控的主要目标。（同时应该特别关注实际上和产权房房价无关的保障房的供给，包括廉租房和公租房等。低收入阶层和"夹心层"的住房供给，客观上迫切需要政府从另外一条轨道上解决其"住有所居"的问题。）如果第一套房不征税，第二套房是不是也可以税率从低？就中国现在的普遍情况和民众心理来看，第二套房可以说是“自己给自己买的商业化社会保险”，征收税率从低具有一定的合理性和可行性。但对于第三套、第四套，乃至更多套的房子，就不应给予税收优惠了，应该毫不含糊地征收。这样就可以大体解决好调节高端的问题，也给每个社会成员在基本住房和居住条件改善方面吃了定心丸。

讨论中还有一种顾虑：如第一套房不征税，会不会引发“离婚潮”（即夫妻办离婚手续，变成各有一套房，合计两套房逃避征税）？为避免这一问题，一个更为宽松的设计方案就是：可规定单亲家庭第一套房不征税，双亲家庭前两套房不征税，这就避开了上述的矛盾问题。作为先建制度框架的初始阶段的方案设计，这个构想也并不是不可考虑，立法过程中可有进一步的讨论与选择。

44. 房地产税是以市场成交价格计算还是以评估价值计算？

以不动产的评估值为依据征收是基本的国际经验，也是未来中国房地产税的改革方向。因为房地产的价格会随着市场供求关系的变化和经济社会的发展进程而变化，以固定不变的成交价格为依据征收必然导致税收负担不公和调节功能不到位，而以评估价为依据反映了市场价格变化的现实，具有科学性和公平性。目前，绝大多数国家和地区正是以财产的评估值为税基征收。

一般不动产估价有以下几种价值概念：一是市场价值；二是租金价值；三是实际价值；四是重置价值。

市场价值。市场价值即房地产交易市场上相互独立的买卖双方公平交易所形成的价格，通常是以一定时期内的均价为依据。

租金价值。即按照年租金和年租率进行折算，求出资本还原的不动产价值。在没有市场价值的情况下，多以此为财产固定价值。

实际价值。一般适用于新建房屋，由房屋的地价加上建筑成本费用得到。

重置价值。指以重建同样房产的成本作为依据，通常是对旧房估价。

以房地产的评估价值作为计税依据。具体来看，可由土地部门、物价部门和地方税务局等有关单位联合设立专门的不动产评估机构，以房地产税开征第一年为基准年度，合理确定房地产的估价基数，并按照一定周期重新评估。这一周期可以为3～5年，以体现公平税负、合理负担的原则。前些年启动的物业税模拟评税试点，已在这方面积累了基本的经验和可选择的方法。

45. 房地产税税率按比例税率还是累进税率征税？

税率是税制设计中的重要变量。房地产税税率的设计将直接关系到税收负担的高低，也是人们普遍关心的问题。房地产税率是实行统一税率还是差别税率？是比例税率还是累进税率？会不会出现纳税人“买得起房，养不起房”的现象？

从目前开征房地产税的国家看，税率设计一般有两种选择：一是比例税率；二是累进税率。前者征收简便，但不利于发挥对高收入的调节作用；后者设计和计征较为复杂，但可以更有力度地达到调节高端的目的。

房地产税完成立法而依法启动后的征收，将会因地而异，因为作为地方税，税率不大可能整齐划一，至多是规定一个各地可选择的区间或上、下限。此前上海、重庆两地房产税改革试点关于房产税率的不同数字，也反映了方案设计版本有所不同。脱离各地具体情况设计版本谈房产税税率高低，并没有意义。我国应在中央统一立法中，规定房地产税税率的可选择幅度，地方政府可在幅度区间内，走规范的预算决策程序，根据当地经济发展情况和居民收入水平确定适用的税率，报财政部和国家税务总局备案即可。比如中小城市房地产税的适用税率可以适当从低，大城市房地产税的适用税率可以适当从高；普通住宅的适用税率可以适当从低，高档住宅和高端房地产的适用税率可以适当从高，豪华别墅和高尔夫球场住房还可以适当加成征税。在设计税基和税率的时候，应当兼顾纳税人的负担能力和财政收支的需要并参考其他国家，特别是发展中国家和周边国家同类税收的做法。

46. 房地产由谁来估价？怎样估价？

房地产税基怎样评估，谁来评估，评估准确与否，对房地产税有着至关重要的影响，是房地产税收是否合理、公平的关键点之一。

世界各国房地产税基评估的模式比较分析。世界各国对房地产税税基评估即不动产价值评估主要是由政府或准政府的评估公司（机构），对不动产的当前价值（Current Value）或市场价值（Market Value）进行评估，并以此作为财产税征税依据，形成了规范的税基评估制度。下面从评估部门、评估方法、评估周期以及对争议的处理等几个方面，对世界各国房地产税基评估的模式进行简要的对比分析。

评估机构。房地产税的评估机构主要有两类：一是政府部门或政府部门下属的评估机构，具体可以分为中央（州）和地方（市政当局）的评估机构。各国政府设立房地产税评估机构的选择主要有两种模式：一种是设立准政府的税基评估公司，提供税基评估服务；另一种是在政府内设立独立的机构或在财政部门下面设立政府的税基评估机构。二是私人评估机构。非政府的私人评估机构既可以在评估过程中只起协助作用，也可以提供全部的评估服务。目前，利用私人机构来从事评估变得日益普遍。部分国家和地区房地产税税基的评估机构见表2-3。

表 2-3　部分国家和地区房地产税税基的评估机构

国　家	中央政府/州政府	市政当局	私人机构
澳大利亚	◆		
博茨瓦纳		◆	◆
巴　西		◆	
塞浦路斯	◆		
捷克共和国		◆	
爱沙尼亚	◆		
香　港	◆		
匈牙利		◆	
爱尔兰	◆		
牙买加	◆		
肯尼亚		◆	◆
马来西亚*		◆	
荷　兰		◆	
新西兰*	◆		
巴基斯坦	◆		
菲律宾		◆	
波　兰		◆	
新加坡	◆		
南　非		◆	◆
泰　国		◆	
津巴布韦		◆	

*：评估是市政当局的职能，但由于市政当局资源的缺乏，中央评估当局为大多数较小的辖区承担了评估责任。

资料来源：财政部资料。

评估方法。目前世界各国所认可的和在实际征收中所运用的房地产估价方法，主要有市场比较法、收益还原法、重置成本法。同时，计算机被广泛运用于房地产税的税源监控和评税工作中，极大地降低了税基评估和税收征管成本。部分国家和地区房地产税税基评估方法见表 2－4。

表 2－4　部分国家和地区房地产税税基评估方法对比

国　家	评　估　方　法	评　估　技　术
美　国	比照销售法，成本法、收入法	计算机辅助批量评估系统（CAMA）和地理信息系统（GIS）
加拿大	市场价评估法	计算机辅助批量评估系统（CAMA）
英　国	租金法、成本法、合同户基础	
香　港	利润法、承包商法	回归基础指数化、信息系统战略、计算机辅助批量评估系统（CAMA）
新加坡	租金比较法、承包商基础法、利润测试法	计算机辅助批量评估系统（CAMA）
日　本	比较法、租金法	建立街区评估等级系统
澳大利亚	土地价值法	
印度尼西亚	土地：相同地价区法 房屋：成本法	土地：相似土地价值分区系统 房屋：税务部门确定的成本表
捷　克	成本法、收入法	价值图、电算化的财政机构的税收管理与国家信息系统
巴　西	成本法	多元回归分析技术、地理信息系统

资料来源：财政部资料。

评估周期。从国外部分国家和地区来看，除美国个别州的评估周期在 5～9 年之间外，其余国家和地区多在 1～5 年不等，其中以3年和5年作为一个周期的最多。表2－5列示了部分国家、地区的评估周期。

争议处理。世界各国在处理房地产税基评估结果上的争议时，处理程序主要分以下三个层次（有的国家和地区这几个层次都有，有的国家和地区只有其中的部分）：一是向当地税基评估机构申诉陈述不同意税基评估结果的理由，并提供必要的证据。如果税基评估官认为纳税人的理由是对的，可以调整税基评估通知。如果不同意纳税人的意见，纳税人可以进入下一程序申诉。二是向政府复核委员会审诉。该委员会由政府设立，各地人数不等。其成员一般都具有比较丰富的评估和相关法律知识，由政府任命。纳税人或其代理人向委员会陈述理由并提供证据。三是上法庭。有的地方有专门的税收法庭，受理税基评估纠纷，有的地方没有专门的税收法庭，而是由地方法庭负责。税基评估纠纷进入到法庭这个层面以后，一般当事人双方可能要聘请社会独立的评估专业中介人士提供支持。法院受理纠纷期间，纳税人必须按纳税通知单纳税。

表2－5　部分国家和地区房地产税税基的评估周期

国　家	评　估　周　期
澳大利亚	对较大的已城市化的地区每年一次，对于较小的地方当局每3年一次
博茨瓦纳	每5年一次
巴　西[1]	法律未作要求
塞浦路斯	上一次重新评估是在1980年

续　表

国　家	评　估　周　期
捷克共和国	不固定
爱沙尼亚	约每 3 年一次
香　港	每 3 年一次
匈牙利	不固定
牙买加	每 5 年一次
肯尼亚	由市政当局自行决定，通常是每 10 年一次
马来西亚	每 5 年一次
荷　兰	由市政当局自行决定，通常是每 4 年一次
新西兰	每 3 年一次
巴基斯坦	每 5 年一次
菲律宾[2]	每 3 年一次
波　兰	不固定
新加坡	每年一次
南　非	每 4 年一次
泰　国	每 4 年一次
津巴布韦	不低于 3 年，不超过 10 年

注：1. 在巴西，地方市政当局可以每年根据通货膨胀率进行指数化。
2. 在两次重新评估间进行指数化。
资料来源：财政部资料。

我国拟采用的评估模式。开征房地产税，关键在于房屋的评估价值的确定。由谁评估，怎样评估，都是摆在我们面前的重要问题。

为了能够准确地确定房地产的评估价值，需要设置专门的评估机构，配备合格的评估从业人员，建立完善的符合我国国情的不动产评价体系和科学的评估制度。近年来我国不动产评估事业获得了长足的发展，主要有政府部门的评估机构和专业的商业性评估机构。政府部门评估机构主要有三个主管部门的评估机构：一是住建部为主的房地产评估机构；二是国土资源部所属以土地评估为主的评估机构；三是国资委所属的资产评估机构。商业性评估机构的组织形式主要包括有限责任公司和合伙制等，评估按照政府规定标准收取费用。

从国外的经验看，评估机构的选择是多样的，既有政府和准政府性质的评估机构，也有商业性评估机构，关键在于评估机构要保证公正性和公平性。对我国评估机构的选择，目前意见也不统一。我们认为，我国房地产税评估机构的选择应遵循国际通行的原则：一是公平性，二是科学性，三是低成本。鉴于目前中国市场经济并不完善、专业机构和中介组织发展并不成熟，一般的情况下，还是需要政府的参与。可以考虑开始阶段由国土部门、物价部门和地方税务局等有关单位联合设立专门的不动产评估机构进行房地产价值评估，并积极培育、发展非政府的专业评估机构。

应运用地理信息系统(GIS)和计算机等现代信息技术，采取科学合理的评估方法。对课税不动产的评估周期，可掌握为3年左右。因此，建立与不动产登记、评估有关的信息数据库是评估工作的基础。要通过对纳税人进行不动产信息登记，详细登记纳税人所拥有不动产的类别、所在地、各项具体数据、评估价值，掌握评估价值动态变化情况等，运用现代信息技术对这些信息进行及时搜集、处理、存储和管理，以获取有效的评估和征管资料。此外，还要通过法律保障纳税人对评估结果拥有知情权和申诉权。不动产的评估结果必须定期公布，并允许纳税人便捷查询。如果纳税人对不动产的估价等持有异议，他们有权申请复议，地方政府必须设立专门的机构办理有关复议、仲裁事项，纳税人对复议、仲裁结果仍有异议的，可再向法院起诉，由法院进行判决。

房地产的评估方法有多种，其中最常用的是收益法、成本法和市场比较法。其中，市场比较法是一种最简单、有效的方法，为世界各国广为采用。这是将待估房地产与其所在区域近期内已经成交的类似房地产进行比较，以它们的成交价格作为参考进行修正，从而估算待估房地产在正常市场情况下的价格或价值的一种方法。市场比较法估价过程中的资料直接来源于市场，同时又为即将发生的资产进行估价。因此，在《房地产估价规范》(GB/T 50291—1999)第5.14条指出："有条件选用市场比较法进行估价的，应以市场比较法为主要的估价方法。"当然，选用市场比较法，必需的前提条件是：第一，要有一个充分发育活跃的房地产市场。房地产市场上，房地产交易越频繁，与估价对象相类似房地产的价格越容易获得；第二，参照物及估价对象可比较的指标、技术参数等是可以收集到的。运用市场比较法估算估价对象的价格或价值，重要的是能够找到与估价对象相同或相似的参照物。与估价对象完全相同的参照物大都是不可能找到的，这就要求对类似房地产参照物进行修正调整，其修正调整的指标、参数等资料的获取和准确性，是决定市场比较法运用与否的关键。

房产税的评估管理是否复杂到“中国人做不了”。有观点认为房产税的评估管理过于复杂，中国人做不了。实际上房地产税的税基评估管理不会比已经运行十年以上的物业税模拟评估“空转”征收的管理复杂多少。模拟评税试点的十处地方，首先把所有的不动产确权，然后把每一处的地段、面积、楼层、朝向等相关数据输入计算机，然后由软件处理程序自动生成评估结果。在借鉴国际经验的基础上，中国在这种事上更有后发优势。过去一百年，没有计算机的时候，国外就通过选举社区内大家认为有公信力的人，在有两人以上的情况下登记数据等再进行税基评估。如今通过计算机软件程序生成房产税的税基评估值，前期工作可能会稍微复杂一些，投入成本高一些，但对中国而言，这个问题不存在技术难度。“模拟空转”软件里是把不动产分成制造业不动产、商业不动产、居住不动产三类，只需要输入数据后给一个指令，就可以自动生成评估结果。

47. 房地产税如何缴纳？

我国房地产税可考虑实行以代扣代缴、代收代缴方式为主，自主申报为辅的制度。对未上市交易的单位房改房，由单位代扣代缴；对已上市交易的房改房，由单位代收代缴；对商品房，如果有物业公司管理的，则由物业公司代收代缴；对其他建筑，采取纳税人主动申报和税务人员上门征收相结合的方式。

至于房地产税的缴纳期限和方式，国外的房地产税很多是采取分次缴纳的方式，如澳大利亚的新南威尔士州，以及智利、丹麦、日本等，允许纳税人分 4 次支付税款，以色列可分 6 次征收，英国可分 10 次。中国的房地产税可实行按年计税、分次缴纳的方法。缴纳次数过多会增加相应的征收费用，因此我们建议半年缴纳一次为宜。

48. 房地产税的改革步骤是渐进的还是一步到位式的改革？

导读 5：国务院发展研究中心产业经济研究部“中国房地产税改革研究”课题组

谢伏瞻主编的《中国不动产税制设计》(2006 年版)一书中对不动产税改革提供了三个方案：小改、中改和大改。

小改方案：把三税(房产税、城市房地产税和城镇土地使用税)合一，主要针对城市经营类房地产和工商企业法人用房地产征税，居民用房地产不列入纳税范围。

评价：改革幅度小，易操作，且没有扩大征税对象的范围。没有从根本上改变现行的房地产税制中存在的征税对象范围狭窄、计税依据和税负不科学问题。

中改方案：在三税合一的基础之上，取消土地增值税，保留契税和耕地占用税，在城镇范围内构建统一的不动产税制。在征税对象设置上，城镇居民自住用不动产都应被纳入征税范围，但通过设置免征额和不同税率来调整财富分配，农村地区的土地和住宅暂时不列入纳税范围。

评价：在城镇范围内统一不动产税制，总体符合不动产税改革的方向。

大改方案：是在三税合一的基础上，取消土地增值税和耕地占用税，保留契税，在全国城乡范围内同时实施统一的不动产税制。征税对象设置上，除了城镇居民自住用不动产被纳入征收范围外，农村地区的土地和住宅以及城市机关、事业单位、社会团体等单位自用的不动产也应纳入征税范围。

评价：改革比较彻底，税制得到了简化，符合不动产税改革的终极方向。

注：原针对外资企业的城市房地产税已于2009年1月1日起废止。

“先易后难，先窄后宽”的原则。房地产税的改革应在科学设置房产税的税基、税率、减免税优惠基础上，本着“先易后难，先窄后宽”的原则，逐步适当扩大房产税的税基和征收范围，逐步使其成为地方税收的重要支柱。

近期可考虑密切结合加快房地产税立法来讨论房地产税征收方案的设计。应以认清制度建设大方向为前提，注重“渐进”要领，允许在各方表达不同诉求后寻求和达成必要妥协，承认第一版房地产税法文本的过渡性质，即可以先从拥有多套房子或大面积的高端人群入手，不求理想化地一步到位。在按照人大审议通过的相关法律实际开征房地产税后，估计我国还会在若干年内作必要的动态修订，才会使法律文本逐步稳定成熟。建议首先提出对于高端和非高端的界定方法，先建好基本框架，再寻求改进。立法中相关部门需要积极征求各方意见，开明地展开讨论、组织听证、作情况通报，并且对于相关的培训、交流活动应有积极的安排。特别要注意的是，有关部门必须积极建立、健全相应的房地产登记注册、评估制度及管理机构。

我国在加快房地产税立法的过程中，应注重尽快给全体社会成员一颗“定心丸”，对所涉及的纳税对象采取“讲道理”的态度。我们认为，对于一般中等收入阶层，包括公职人员，包括现在有自己的商品房、产权房的社会成员，这个税制的初始框架应该非常清晰地给出一个信息：不去覆盖现在居民家庭的第一套住房，先从高端做起，让大家以后在实际生活中来认同这个税的正面效应。对于高端增加了税负的纳税人，也要消除他们的恐惧心理：房产税是市场经济调节经验的通例，不会使他们“伤筋动骨”，政府一定会严格把握“负担能力原则”，是他们可承受的一种再分配调节手段。他们多纳一些税，进入国库后反过来扶助弱势群体，既体现了“先富起来”的人们对社会的贡献，也促进了社会和谐，整体而言可以形成对他们有利的正面效应。

环　境　税

情景5:《沁园春·霾》

2013年3月4日下午,中共中央总书记、中央军委主席习近平到驻地看望了出席全国政协十二届一次会议的科协、科技界委员,并参加了他们的联组讨论。

中科院院士、政协委员姚檀栋当着习总书记的面背了几句被大家调侃的《沁园春·霾》:

北京风光,千里朦胧,万里尘飘。

望三环内外,浓雾莽莽,鸟巢上下,阴霾滔滔。

车舞长蛇,烟锁跑道,欲上六环把车飙。

需晴日,将车身内外,尽心洗扫。

空气如此糟糕,引无数美女戴口罩。

惜一罩掩面,白化妆了,唯露双眼,难判风骚。

一代天骄,央视裤衩,只见后座不见腰。

尘入肺,有不要命者,还做早操。

环境如此恶劣,民众呼吁尽快开征环境税。

2015年6月,国务院法制办公布了《环境保护税法

（征求意见稿）》，征求社会各界意见，这是环境保护税推进过程中的重要节点。征求意见稿发布以来，社会反响强烈，各界人士从环境保护税法的名称、征收范围、计税依据、税率水平、税收优惠、征收管理、收入使用和授权等方面提出了诸多意见。

2016 年 12 月 25 日，十二届全国人大常委会第二十五次会议上，表决通过了《环境保护税法》，将于 2018 年 1 月 1 日起施行。中国的税收种类由此增至 19 个。

49. 什么是环境保护税？

按照《中华人民共和国环境保护税法（征求意见稿）》相关规定，在中华人民共和国领域以及管辖的其他海域，直接向环境排放应税污染物的企业事业单位和其他生产经营者为环境保护税的纳税人，应当依照本法规定缴纳环境保护税。所称应税污染物是指大气污染物、水污染物、固体废物、建筑施工噪声和工业噪声以及其他污染物。企业事业单位和其他生产经营者向依法设立的城镇污水处理厂、城镇生活垃圾处理场排放应税污染物的，不征收环境保护税。对企业事业单位和其他生产经营者在符合环境保护标准的设施、场所贮存或者处置的工业固体废物，不征收环境保护税。

50. 什么是碳税？碳税和环境税是什么关系？环境保护税的征收范围是否过窄？是否要把碳税纳入征收范围？

碳税是指针对二氧化碳排放所征收的税，它通过对燃煤和石油下游的汽油、航空燃油、天然气等化石燃料产品，按其碳含量的比例征税来实现减少化石燃料消耗和二氧化碳排放，从而达到减缓全球变暖和保护环境的目的。由于碳税的计税依据是二氧化碳排放量，且二氧化碳排放对生态的破坏与其数量直接相关，而与其价值量无关，因此碳税需要采用从量计征的方式。与总量控制和排放贸易等市场竞争为基础的温室气体减排机制不同，征收碳税只需要增加较少的管理成本就可以实现。

在对环境保护税法的讨论中，有观点认为：由于环保税只是排污费的“费改税”，且目前只对污染物排放征收，实际征收范围与《环境保护税法》中的环境保护范围并不一致。部分观点还认为，环保税需要将污染物排放之外的其他征收对象纳入征收范围，特别是应把二氧化碳排放作为征税对象。

我们认为，环境保护税既应包括排污税，也应包括二氧化碳税，碳税在环保税立法中应有所体现，可适当缓征。在早期三部委（财政部、税务总局、环境保护部）起草的环境税立法征求意见稿中就包括了对二氧化碳排放的征收，此次立法实际上有所倒退。

第一，碳税是应对气候变化和转变经济发展方式的必要手段。中国目前已成为事实上的二氧化碳排放第一大国，根据相关统计，从2006年开始中国碳排放开始超过美国，一直保持至今，国内面临着较大的应对气候变化的国际压力。同时，考虑到我国资源环境约束日趋强化，“十三五”期间中央对经济发展方式转变和生态文明建设将有着更高的目标和要求。碳税不仅是碳减排的重要政策工具，也对污染物减排有着重要的协同效应。因此，从国际和国内两方面的需要看，都有必要合理运用包括碳税在内的环境经济政策手段。

第二，碳税与碳交易可同时并用。碳税与碳排放权交易都是二氧化碳减排的重要经济政策，在根本上都属于碳定价机制。两者各具优缺点，相互之间不仅具有替代性，更是一种相互补充的关系。尽管中国2020年要建立全国碳交易市场，但碳税的开征与碳交易市场并行不悖。中国碳税既可以作为碳减排的独立政策手段，还可以作为碳排放权交易定价机制失灵情况下的一种补充手段，即通过碳税确定二氧化碳排放的最低价格。国际上碳排放权交易制度的乏力和部分国家通过碳税（如英国的气候变化税）来补充调节的例子也表明，考虑和保留对二氧化碳征税的手段在国内是有必要的。

第三，开征碳税也是国外应对气候变化和碳减排的重要政策工具选择。根据统计，目前国际上已经有约20个国家和地区以不同形式或名称（包括独立税种和改造能源税的形式）开征了碳税。芬兰、丹麦、挪威、瑞典等北欧国家率先在20世纪90年代初开征碳税，目前包括荷兰、冰岛、斯洛文尼亚、奥地利、意大利、瑞士、阿尔巴尼亚、捷克、斯洛伐克、英国、西班牙（阿拉贡地区）等欧洲国家，以及美国（科罗拉多州的圆石市）、加拿大（不列颠哥伦比亚和魁北克省）、日本也实施了碳税政策，该税出台的主要目的是应对气候变化或碳减排，并已取得一些效果。

第四，中国碳税应低税率起步。确定碳税税率水平所需考虑的因素较多，包括在一定时期内所要实现的碳减排和环境保护目标、对宏观经济和产业竞争力的影响、对企业负担的增加、与碳排放权交易和其他税种之间的协调、化石能源价格水平等多方面。因此，碳税税率水平实际上是综合权衡开征碳税后各方面的影响所得出的结果，需要根据开征时的具体情况来确定。综合来看，我国碳税的开征税率应采取低税率水平，其后再逐步提高。同时，还需要根据我国经济社会的实际发展状况和国际协调等方面的需要，建立起碳税税率水平的动态调整机制。

第五，碳税应在环境保护税立法中作为一个税目加以保留，在“十三五”后期考虑开征。碳税的开征有设立新的独立税种、改造能源税收等多种实现方式，从国内现实来看，以环境保护税中的二氧化碳税目方式进行开征符合实际需要，更为符合“环境保护”的目的，也可避免单独进行碳税立法的难度。

51. 环境税收入应该专款专用吗？

对环境保护税收入的使用问题，社会各界给予了较为普遍的关注。有关部门、专家及不少企业人士认为，环境保护税收入应专款专用，专门用于与环境保护相关的项目，如作为污染治理专项资金或建立环保基金等。理由是：环境保护税收入专款专用，有利于增加和保障财政对环境保护的投入，同时由于资金使用具有明确的目的和方向，易于让社会公众接受，提高民众对环境保护税的支持力度。另外，专款专用资金的使用透明度高，也便于监管。这种看法有一定道理，但并不尽然。

我们认为，环境保护税收入的使用，应该结合我国公共财政改革路径和环境保护方面的财政投入情况进行分析。在当前，环境保护税收入不应指定用途使用，而应纳入公共预算统一使用。

第一，在建立现代财政制度的背景下，将环境保护税收入与其他税收收入统一进行使用和管理，更符合财政预算管理的规范性要求。国家治理现代化要求建立现代财政制度，核心任务之一就是要统一各类财政收支，建立统一财政。目前预算管理制度改革中已经提出要清理、整合和规范各类收费基金（这些收费基金很多就是专款专用的）。将环境保护税收入与其他税收一样，纳入统一的预算管理中，能有效避免财政预算被各种专款专用所肢解，有利于国家从整体需要出发，统筹安排各类财政资金，提高财政资金运用的有效性。

第二，环境税收入纳入预算统一使用，并不代表财政对生态环境保护的投入就会减少。近年来，我国政府对环境保护和节能减排的重视程度日益增加，每年安排用于环境保护和节能减排等项目的财政支出增长很快，2014 年全国用于节能环保的财政支出就达到 3 816 亿元，远远超过当年的排污费收入。而根据测算，预期环境保护税征收初期的年税收收入大约在 500 亿元左右。环境保护的财政支出大盘子还是来自整体财政预算安排。因此，社会公众担心的环境保护税收入非专款专用不利于环境保护投入的情况是不存在的。

第三，从国际实践经验来看，各国对环境保护税收入的使用方式也没有一定之规，选择专款专用和纳入一般预算使用的两种情况都有。即使是在一国内部，对不同的环境税种，其收入使用方式也不尽相同。

第四，环境保护税专款专用制度也存在严重缺陷。它会导致环境保护支出的刚性化，破坏公共预算的统一性，不利于财政资金的统筹安排和灵活调度。

综合来看，面对我国日益严峻的环境形势，加大环境保护投入是大势所趋。而将环境保护税纳入一般公共财政统一使用，并不会导致财政对环境保护的力度减少，相反更有利于政府根据环境保护的需要合理安排财政支出，因此我们建议将环境保护税收入纳入一般预算统一使用。而对于民众的担心，政府需要在财政预算编制和执行中，进一步增加环境保护税和环境财政支出的透明度，做好政策宣传，赢取民众信任。

52. 环境税属于地方税种吗？

环境保护税的收入归属上有三种选择，即地方税、中央税、中央与地方共享税。目前对环境保护税的收入归属，一些学者认为应将环境保护税列入地方税，收入全部划归地方。在实际调研中，地方官员出于提高财政收入、承担环境保护支出责任的考虑，也有相应诉求。

我们认为，将环境保护税作为地方税有一定道理，但不完全合理。从理论、实践及国际经验多方面考虑，我国的环境保护税更适合作为中央和地方共享税。

第一，按照财权与事权相匹配的原则，环境保护税应作为共享税。从环境保护的事权和支出责任划分来看，当前大部分环境污染来源于地方经济社会活动，环境保护和污染治理的责任主体主要是地方政府，相关事权也主要归于地方，因此环境保护税收入应主要由地方政府使用。但也应看到，近年来中央对环境保护的事权和支出责任有逐渐加强的趋势。目前正在进行的中央和地方事权与支出责任改革中，环境保护的事权和支出责任划分已经逐渐清晰，中央政府主要负责全国性、跨区域的环境保护和污染防治，如全国性的荒漠治理、水土流失治理和大江大河的治理等，而地方政府主要承担本地区的环境和生态保护工程以及城市环保公共设施等。在事权和支出责任明确后，按照财权和事权相匹配的原则，与环境保护事权相对应的环境保护税收入也应该由中央和地方共享。特别需指出，从加强中央对环境保护的宏观调控职能来看，中央集中部分环境保护税收入，也有利于增强中央政府的调控能力，一方面可以解决跨地区、跨流域的污染防治问题，从整体上控制全国环境的质量，另一方面也可以在区域、行业间进行必要的宏观调控，增强地方政府治理区域性污染的能力，调动地方进行环境保护的积极性。

第二，从税种的属性和特征看，环境保护税应作为共享税。根据中央税和地方税的划分标准，有利于宏观调控和再分配、税基流动性强的税种应作为中央税，税基流动性差、征管难度大的税种应作为地方税。从环境保护税的特性来看，它的征收范围非常广泛，涉及大气污染物、水污染物、固体废物、噪声等诸多方面。这些征收对象有的流动性差，不存在外溢性，如固体废物、噪声等，有的则具有很强的流动性，影响范围跨区域或者覆盖全国，对整个宏观经济及产业都会产生影响，如二氧化碳排放、水污染等等。因此，环境保护税应作为中央与地方共享税。在分享比例上可通过区分污染排放税和碳税进行划分。目前的环境保护税主要是针对污染排放征收的，这部分收入可主要由地方政府分享，中央政府占小头。在将来碳税开征后，由于碳税的调节涉及全国范围，建议由中央分享大头，地方占小头。

第三，环境保护税作为共享税也体现了政策延续性。从政策延续的角度来看，目前排污费的收入实行中央与地方共享的做法，中央集中10%，地方分享90%。环境保护税主要是由排污费实行“费改税”转化而来的，将环境保护税列为中央和地方共享税，在划分比例上向地方政府倾斜，有助于维护中央和地方的既有利益，消除地方政府对改革的阻力，调动地方政府治理环境的积极性。

第四，从国外经验来看，大部分国家也是将环境保护相关税费作为中央和地方共享收入。针对不同征税对象开征相应税种，并根据税种属性划归不同层级政府收入，如针对水污染、固体废物和噪声污染征收的税费大多归地方政府所有，有关空气污染方面的税费则主要由中央政府所有或由中央和地方政府共享。因此，我国将环境保护税作为中央和地方共享税也符合国际趋势。

53. 环境税会影响经济发展吗？

《环境保护税法》的第四章中明确了环保税的税收优惠范围和具体内容，总体上保留了排污费有关农业生产、流动污染源和城镇污水处理厂的免征环境保护税的优惠政策。对农业生产和流动污染源的免税政策，目前社会各界基本认同，主要争议在于城镇污水处理厂是否应该继续享受达标排放的免税的优惠政策。相关环保专家认为，给予城镇污水处理厂的达标排放免税政策存在两个方面问题：一是不符合“污染者付费”和总量征收的环保税征收要求，不利于激励污水处理厂进行污染减排，也造成了与其他纳税人之间的不公平；二是享受优惠政策的达标标准过低可能使污水处理厂成为新的集中污染源。由于我国水污染物排放标准中一些主要污染物的排放限值标准宽松，在现行的优惠政策下，如果仅按照低标准的达标排放执行，再加上环境监察和监测不到位，很多污水处理厂可能会成为新的集中污染源。但从污水处理厂的角度看，考虑到污水处理厂的公共性质和负担较重，继续给予其达标排放的免税政策，可避免过多增加污水处理厂的负担，有利于环境保护税的实施。

我们认为，争议的问题确实存在，不应回避。总体上应按照《环境保护税法》的立法宗旨对所有排污者进行征税，不应延续排污费制度上的原有缺陷，对污水处理厂达标排放给予免税，并让其成为环境保护税调控中的漏洞。但考虑到国内污水处理厂的现实困难，可给予其一定的免税政策过渡期。

第一，污水处理厂应与其他污染物排放企业适用相同的优惠政策。随着国内城镇污水集中处理制度的实施，污水处理厂的集中处理量在逐步增加，水污染物排放在污染物排放中所占比例也在提高。根据2013年环境统计年报数据，城镇生活源的废水排放量占到排放总量的69.8%，化学需氧量(COD)排放量的占比为37.6%，氨氮排放的占比达到56.7%。城镇污水处理厂实际上成为主要的水污染物排放源。因此，从税收公平的角度来看，不应专门给予污水处理厂优于其他排污企业的优惠政策，而是享受同时符合污染排放标准和总量排放指标要求的环境保护税减半征收优惠。

第二，给予污水处理厂一定的免税政策过渡期，并结合多方面政策完善减轻其负担。为了避免污水处理厂在税费制度转换过程中负担增加过重，结合其存在的现实困难，可考虑对其达标排放免征政策设置一定的优惠期限，在环境保护税开征初期鼓励和扶持污水处理厂的发展。同时，改革污水处理费制度和相关财政补贴政策等规定。对城镇污水处理厂污染物达标排放不给予免税政策，实际上可通过污水处理费的提高，相应使相关污染物排放主体间接承担污染排放的负担。

第三，合理制定适用优惠政策的污染物排放标准和总量排放控制指标。根据环境保护税法规定可知，污染物排放标准和总量排放控制指标直接与纳税人是否被进行加征或享受税收优惠密切相关。污染物排放标准可以由国家或者地方规定，这就要求排放标准不能过于宽松，避免大多数企业达到排放标准的50%的水平从而享受税收优惠而实际上降低税率水平的问题，且如果执行地方标准，其应该高于国家标准。同时，相关部门也需要合理制定纳税人的污染物总量排放控制指标，从而能够通过总量限额的要求切实起到提高企业排污成本的作用。

个人所得税

情景6：中国的个人所得税改革应走向何方？

两会上，有多位代表、委员希望能提高个税起征点。全国人大代表张育彪表示，四年来，中国城镇居民人均可支配收入增长了32%，但个税起征点四年没变，没考虑物价涨幅、吃、住、行等基本家庭支出的大幅增长。

全国人大代表、格力总裁董明珠认为，提高个税起征点可以让工薪阶层有更高的消费能力，然而仅仅靠涨工资的方式对收入提高不明显。“增加的工资要交税，上税后，最终拿到的钱又会缩水。”

全国人大代表俞学文最近表示，3 500元的个税起征点低，造成很多低收入人群需缴纳个税，负担比较重。“对绝大多数工薪阶层中的低收入者来讲，相当一部分人上有老下有小，教育、养老、医疗、买房等生活必要支出压力不小。”他建议应该以家庭为单位进行征收。

54. 什么是个人所得税?

个人所得税的课征对象是个人所得。按照税法规定，在中国境内有住所，或者虽无住所而在境内居住满一年的个人，从中国境内和境外取得的所得，依照规定缴纳个人所得税。在中国境内无住所又不居住或者无住所而在境内居住不满一年的个人，从中国境内取得的所得，依照规定缴纳个人所得税。应纳税的个人所得包括：(1) 工资、薪金所得；(2) 个体工商户的生产、经营所得；(3) 对企事业单位的承包经营、承租经营所得；(4) 劳务报酬所得；(5) 稿酬所得；(6) 特许权使用费所得；(7) 利息、股息、红利所得；(8) 财产租赁所得；(9) 财产转让所得；(10) 偶然所得；(11) 经国务院财政部门确定征税的其他所得。

55. 什么是“月饼税”？

2009 年 9 月中旬，国家税务总局发布通知，就企业向职工发放交通通信补贴扣缴个税等相关问题作了明确规定，各类交通补贴与通信补贴都要依法缴纳个人所得税。在《上海青年报》的相关报道中，为了形象地说明此事，用中秋节的月饼举例，说明单位发放的职工实物补贴也应该缴纳个人所得税，后来被演绎为“月饼税”，引发广泛争议，2011 年 9 月个人所得税调整时，公众对“月饼税”仍不依不饶，数百万人在网上集体抗议，将“月饼税”一度推上了新浪微博热门话题的榜首。

事实上，关于交通补贴和通信补贴需要缴纳个人所得税一直都在个人所得税法中有明确规定，根据当时的《中华人民共和国个人所得税法实施条例》，其中第八条明确规定，个人工资、薪金所得，是指个人因任职或者受雇而取得的工资、薪金、奖金、年终加薪、劳动分红、津贴、补贴以及与任职或者受雇有关的其他所得。据此，企事业单位向职工发放的交通补贴和通信补贴属于个人工资、薪金所得，应该缴纳个人所得税。可见，“月饼税”实际上是对个人所得税中对职工获得的实物补贴的征税，是早已有之的合法事物。

“月饼税”之所以引起人们的强烈反映，原因在于：一是人们在情感上接受不了月饼还要征税。国人一直重视传统文化，中秋佳节承载了非常丰富的文化内涵，而月饼更是中秋文化内涵的最主要载体。单位给员工发月饼，体现的不仅仅是单纯的劳动报酬发放，而且是对员工的一份人文关怀。当象征丰收团圆、亲情美满的中秋月饼都要被征税时，大家就会感觉备受伤害。甚至有人质疑既然中秋节要收“月饼税”，那端午节是否还要征收“粽子税”呢？人们将原本就征收的所谓“月饼税”当成新的税种来看待，于是产生了恐慌。二是因为 2011 年个人所得税法修改，征求社会大众意见，很多媒体借题炒作，将“月饼税”大作宣传，很多人对个人所得税不了解，仅仅凭借自己的想象，将其对税负过重的不满借此发泄，希望政府在个人所得税改革中能够更多地减轻居民税负。

56. 个人所得税有起征点吗？

个人所得税起征点的正确表达方式是个人所得税费用扣除标准，是指税法规定的准予在课税对象中扣除的免予征税的标准数额，即对税法规定的课税对象数额中固定免予征税的部分。凡是规定有费用扣除标准的，对费用扣除标准以内部分不征税，仅就超过费用扣除标准的部分征税。比如，个税工薪所得费用扣除标准 2006 年 1 月 1 日起为 1 600 元，2008 年 3 月 1 日起为 2 000 元。如果某人每月取得工资收入 2 000 元，2006 年时应以 400 元(2 000－1 600＝400 元)乘以 5％计算纳税，2008 年 3 月 1 日起则不纳税。

2011 年 4 月十一届全国人大常委会第二十次会议召开，个人所得税免征额拟调至 3 500 元。2011 年 6 月中旬，调查显示，48％的网民要求修改个税起征点。2011 年 6 月 30 日十一届全国人大常委会第二十一次会议通过了关于修改《个人所得税法》的决定，并于 2011 年 9 月 1 日起施行。

57. 年终奖怎么缴纳个人所得税？

国税发〔2005〕9 号文件的基本规定是："纳税人取得全年一次性奖金，单独作为一个月工资、薪金所得计算纳税。"

年终奖个人所得税计算方式：

发放年终奖的当月工资高于 3 500 元时，年终奖扣税方式为：年终奖×税率－速算扣除数，税率是按年终奖除以 12 作为"应纳税所得额"对应的税率。

当月工资低于 3 500 元时，年终奖个人所得税＝［年终奖－(3 500－月工资)］×税率－速算扣除数，税率是按年终奖－(3 500－月工资)除以 12 作为"应纳税所得额"对应的税率。

由于单位发放给员工的年终奖形式不同，个人所得税计算方法也不尽相同。

一、员工当月的工资薪金超过 3 500 元，再发放的年终奖单独作为一个月的工资计算缴纳个人所得税。

全年一次性奖金，单独作为一个月计算时，除以 12 后找相应的税率，但计算税额时，速算扣除数只允许扣除一次。

例一：赵某2013年1月工资5 000元，年终奖24 000元，无其他收入。

赵某工资部分应缴纳个人所得税：(5 000－3 500)×3%＝45元。

赵某年终奖(24 000元)部分应缴纳个人所得税计算：

先将雇员当月内取得的全年一次性奖金，除以12个月，即：24 000/12＝2 000元，再按其商数确定适用税率为10%，速算扣除数为105。

赵某年终奖24 000元应缴纳个人所得税：

24 000×10%－105＝2 295元。

赵某2013年1月份应缴纳个人所得税2 340元。

二、员工当月的工资薪金不超过3 500元，再发放的年终奖单独作为一个月的工资计算缴纳个人所得税。

但可以将全年一次性奖金减除"雇员当月工资薪金所得与费用扣除额的差额"后的余额，作为应纳税所得额。其中"雇员当月工资薪金所得"以收入额扣除规定标准的免税所得(如按规定缴纳的社会保险和住房公积金等)后的数额。

例二：钱某2013年1月工资2 000元，年终奖24 000元，无其他收入。

钱某当月工资2 000元，未超过费用扣除标准3 500元，不需要缴纳个人所得税。钱某2013年1月当月工资薪金所得与费用扣除额的差额为3 500－2 000＝1 500元。

钱某年终奖24 000元，先减除"当月工资薪金所得与费用扣除额的差额”（1 500 元），22 500 元为应纳税所得额。

22 500 除以 12 个月，即：22 500/12＝1 875 元，再按其商数确定适用税率为 10％，速算扣除数为 105。

钱某年终奖 24 000 元应缴纳个人所得税：

（24 000－1 500）×10％－105＝2 145 元。

钱某 2013 年 1 月份应缴纳个人所得税 2 145 元。

三、员工一个年度在两个以上单位工作过，只能按照国税发〔2005〕9 号文件规定，在一个纳税年度内，对每一个纳税人年终奖计税办法只允许采用一次，纳税人可以自由选择采用该计税办法的时间和发放单位计算。

该条款的要点是：

1. 一个员工 2013 年 1 月发放的年终奖适用了除以 12 后找相应税率的优惠计算政策，2013 年其他月份就不能再适用了。

2. 一个员工一年一次，在两处以上取得年终奖，也只能适用一次。

3. 员工即使工作时间不足 12 个月，也可以适用一次。

例三：孙某 2012 年 1—3 月在石油企业工作，2012 年 4—8 月跳槽到电信企业，2012 年 9—12 月跳槽到房地产企业工作，如果孙某 2012 年 12 月在房地产企业取得工资 5 000 元，年终奖 24 000元，其他无收入，虽然孙某 2012 年只在房地产企业工作 4 个月，但其应缴纳个人所得税与例一赵某相同，即当月工资部分应缴纳个人所得税 45 元，年终奖部分也是除 12 后找相应的税率，应缴纳个税 2 295 元。

房地产企业计提年终奖时，计提、发放会计处理同例一。

四、员工同一月份在两个以上单位取得年终奖，可以选择一个单位的一次性奖金按照国税发〔2005〕9号文件优惠办法计算，从另一单位取得的年终奖合并到当月工资薪金项目缴税。

国税发〔2005〕9号文件规定："在一个纳税年度内，对每一个纳税人，该计税办法只允许采用一次。"如果同一个人同月在两个企业都取得了年终一次性奖金，纳税人在自行申报时，不可以将这两项奖金合并计算缴纳个人所得税，享受一次性奖金的政策，对该个人按规定只能享受一次全年一次性奖金的优惠算法。

例四：李某2013年1月工资5 000元，取得本企业发放的年终奖24 000元，另取得兼职单位发放的年终奖6 000元，无其他收入。

李某本企业年终奖（24 000元）部分应缴纳个人所得税计算：先将雇员当月内取得的全年一次性奖金，除以12个月，即：24 000/12＝2 000元，再按其商数确定适用税率为10％，速算扣除数为105。

李某本企业年终奖24 000元应缴纳个人所得税：

24 000×10％－105＝2 295元。

李某取得的兼职单位发放6 000元年终奖应合并到李某当月工资薪金中计算缴纳。如果兼职单位按发放年终奖计算个人所得税，代扣代缴了个人所得税6 000×3％＝180元。

李某在本企业取得工资5 000元，本企业代扣代缴（5 000－

3 500)×3%=45 元个人所得税。

年终汇算清缴，李某工资部分应缴纳个人所得税：

(5 000+6 000−3 500)×20%−555=945 元。

58. 退休金要缴纳个人所得税吗？

根据《中华人民共和国个人所得税法》(中华人民共和国主席令 2007 年第 85 号)及其实施条例的有关规定："第四条下列各项个人所得，免纳个人所得税：按照国家统一规定发给干部、职工的安家费、退职费、退休工资、离休工资、离休生活补助费。"

59. 个税递延型养老保险如何缴纳个人所得税？

个税递延型养老保险实施递延纳税政策支持，即由个人自愿建立个人养老账户，对在规定额度内进入该账户的收入，以及在账户中投资运营的收益暂不征税，其应缴个人所得税可延期至将来领取养老金时再征收。

60. 教育费用、赡养老人的费用可以在计算个人所得税时扣除吗？

目前，我国个人所得税制采用的是"基本扣除"的税前扣除制度，工资薪金所得，以每月收入额减除费用 3 500 元后为应纳税所得额，符合《中华人民共和国个人所得税法实施条例》第二十八条规定的[①]，附加减除费用标准1 300元；单位为个人缴付和个人缴付的基本养老保险费、基本医疗保险费、失业保险费、住房公积金，从纳税义务人的应纳税所得额中扣除。

教育费用、赡养老人的费用目前还不能在计算个人所得税时扣除，但个税改革总的方向是要逐步建立"基本扣除+专项扣除"的税前扣除制度，包括个人职业发展、再教育费用的扣除，满足基本生活的首套住宅按揭贷款利息的扣除，抚养孩子和赡养老人费用的扣除等。

61. 未来会实行个人所得税家庭申报吗？

以个人为纳税单位的所得税制不考虑家庭情况，"一刀切"计征个税，有失公平。收入相同的纳税个人，纳税金额一样，但由于家庭情况不同，赡养人数不同，家庭整体收入差异很大。例如，一个人每月挣8 000元，生活还不错，但是如果要赡养老人、还房贷、给孩子缴纳学费，那就很艰难。在放开二孩政策的时代，家庭情况更是千差万别。

以家庭为单位申报个税也符合国际惯例。为了保证税收负

① 即(1) 在中国境内的外商投资企业和外国企业中工作的外籍人员；(2) 应聘在中国境内的企业、事业单位、社会团体、国家机关中工作的外籍专家；(3) 在中国境内有住所而在中国境外任职或者受雇取得工资、薪金所得的个人；(4) 国务院财政、税务主管部门确定的其他人员。

担公平，不少国家在个人所得税申报的问题上实行的是夫妻联合申报或家庭申报。比如，在美国，常规个人所得税的免征额随纳税人申报状态、家庭结构及个人情况的不同而不同。纳税人税前抵扣项目很多，投资买房、按揭利息、子女学费、看病就医、抚养赡养等大项就能抵扣一半个税；在德国，征税的类别以纳税人的家庭状况加以区分，如已婚家庭子女未满 18 岁、子女在上学的、由于不可抗拒的特殊情况（如生病）造成高额开支等情形，可以少交税；法国则将家庭人数作为纳税的参数，每个成年人家庭参数为 1，每个孩子家庭参数为 0.5，这样，一对夫妇加一个孩子的家庭，参数就是 2.5，家庭人数及经济状况不同，其所缴纳的个人所得税也不同。

中国人普遍有传统家庭伦理观念，家庭是社会的重要细胞与消费的主要单位，家庭收入水平将直接决定家庭成员生活水准。未来只有实行个人所得税家庭申报，全面考虑二孩与多子女家庭教育支出、房贷利息抵扣等项目，才能照顾到不同家庭的差异因素，有效发挥个人所得税调节社会成员收入二次分配的功能。当然，按家庭收入征收个税付诸实施，还有许多事项要同步推进，包括完善社会信用体系和税务部门的监管机制，提高民众诚信道德水平等。

62. 个人所得税要实行分类与综合相结合的税制模式吗？

目前，我国采用的是以个人为纳税单位的分类所得税制。

在分类税制下的个人所得被划分成11个收入项目，包括工资、薪金所得，个体工商户的生产、经营所得，劳务报酬所得，利息、股息、红利所得，财产租赁所得，财产转让所得等。其中，对于工资薪金所得，适用3%至45%的七档累进税率；劳务报酬所得，适用20%～40%的税率；利息、股息、红利所得，适用20%的比例税率。分类所得税制的弊端显而易见：只能体现个人某一项目的所得，不能体现个人所有收入项目的整体负担能力，改革势在必行。

2013年召开的党的十八届三中全会再次明确了我国个人所得税改革的大方向：逐步建立综合与分类相结合的个人所得税制。至于哪些项目实施综合税制，哪些项目实施分类税制，财政部部长肖捷在2017年全国两会答记者问时表示，基本考虑是将部分收入项目，比如工资薪金、劳务报酬、稿酬等，实行按年汇总纳税。同时对财产转让所得继续实行分类征收。

第三编

3

其他税种：一个都不能少

63. 什么是企业所得税?

在中国境内的一切企业和其他取得收入的组织(不包括个人独资企业、合伙企业),为企业所得税纳税人。企业分为居民企业和非居民企业。居民企业应当就其来源于中国境内、境外的所得缴纳企业所得税。非居民企业根据其是否在中国境内设立机构、场所,以及所得是否与境内机构、场所有实际联系确定应纳税所得额。企业所得税以企业每一纳税年度的收入总额,减除不征税收入、免税收入、各项扣除以及允许弥补的以前年度亏损后的余额,为应纳税所得额。税率为 25%。企业所得税按纳税年度计算,纳税年度自公历 1 月 1 日起至 12 月 31 日止。企业所得税实行按月或按季预缴、年终汇算清缴、多退少补的征收办法,即企业应当自月份或者季度终了之日起 15 日内,向税务机关报送预缴企业所得税纳税申报表,预缴税款。企业应当自年度终了之日起 5 个月内,向税务机关报送年度企业所得税纳税申报表,并汇算清缴,结清应缴应退税款。

64. 外国企业和中国企业是否一样征税?

我国自改革开放以来,内外资企业一直实行两种不同的所得税法规,名义税率和优惠待遇的不同使内资企业长期处于非公平竞争地位。我国加入 WTO 后,按照 WTO 的非歧视原则统一了内外资企业所得税法，即实行“两税合一”，2007年3月16日经第十届全国人民代表大会第五次会议通过《中华人民共和国企业所得税法》，于2008年1月1日起实施。

该法规定，企业分为居民企业和非居民企业。居民企业，是指依法在中国境内成立，或者依照外国（地区）法律成立但实际管理机构在中国境内的企业，应当就其来源于中国境内、境外的所得缴纳企业所得税，税率为25%。非居民企业，是指依照外国（地区）法律成立且实际管理机构不在中国境内，但在中国境内设立机构、场所的，或者在中国境内未设立机构、场所，但有来源于中国境内所得的企业。其中，非居民企业在中国境内设立机构、场所的，应当就其所设机构、场所取得的来源于中国境内的所得，以及发生在中国境外但与其所设机构、场所有实际联系的所得缴纳企业所得税，税率为25%；在中国境内未设立机构、场所的，或者虽设立机构、场所但取得的所得与其所设机构、场所没有实际联系的，应当就其来源于中国境内的所得缴纳企业所得税，税率为20%。

65. 企业所得税的税率还会降低吗？

企业所得税税率降低的空间已比较有限。首先，相比于其他国家，我国企业所得税的标准税率25%并不高，且只适用于成规模的大企业，对于符合条件的小型微利企业、国家需要重点扶持的高新技术企业等可以减半征收。此外，各地方政府还推出了“三免”、“五减”(三年免征，接着五年减半征收)等企业所得税优惠政策。

66. 小微企业所得税有哪些优惠?

第一，自2015年1月1日至2017年12月31日，对年应纳税所得额低于20万元(含20万元)的小型微利企业，其所得减按50%计入应纳税所得额，按20%的税率缴纳企业所得税。符合规定条件的小型微利企业，无论采取查账征收还是核定征收方式，均可享受小型微利企业所得税优惠政策。自2015年10月1日起至2017年12月31日，对年应纳税所得额在20万元到30万元(含30万元)之间的小型微利企业，其所得减按50%计入应纳税所得额，按20%的税率缴纳企业所得税。2017年4月19日国务院常务会议决定推出进一步减税措施，自2017年1月1日至2019年12月31日，将享受减半征收所得税优惠政策的小型微利企业年应纳税所得额上限由30万元提高到50万元。

第二，符合规定条件的小型微利企业，在季度、月份预缴企业所得税时，可以自行享受小型微利企业所得税优惠政策，无需税务机关审核批准。

小型微利企业在预缴和汇算清缴时通过填写企业所得税纳税申报表“从业人数、资产总额”等栏次履行备案手续，不再另行专门备案。在2015年企业所得税预缴纳税申报表修订之前，小型微利企业预缴申报时，暂不需提供“从业人数、资产总额”

情况。

第三，小型微利企业预缴时享受企业所得税优惠政策，按照以下规定执行：

（一）查账征收的小型微利企业。上一纳税年度符合小型微利企业条件，且年度应纳税所得额不超过20万元（含）的，分别按照以下情况处理：

本年度按照实际利润额预缴企业所得税的，预缴时累计实际利润额不超过20万元的，可以享受小型微利企业所得税减半征税政策；超过20万元的，应当停止享受减半征税政策。

本年度按照上年度应纳税所得额的季度（或月份）平均额预缴企业所得税的，可以享受小型微利企业减半征税政策。

（二）定率征税的小型微利企业。上一纳税年度符合小型微利企业条件，且年度应纳税所得额不超过20万元（含）的，本年度预缴企业所得税时，累计应纳税所得额不超过20万元的，可以享受减半征税政策；超过20万元的，不享受减半征税政策。

（三）定额征税的小型微利企业，由主管税务机关根据优惠政策规定相应调减定额后，按照原办法征收。

（四）本年度新办的小型微利企业预缴企业所得税时，凡累计实际利润额或应纳税所得额不超过20万元的，可以享受减半征税政策；超过20万元的，停止享受减半征税政策。

（五）企业根据本年度生产经营情况，预计本年度符合小型微利企业条件的，季度、月份预缴企业所得税时，可以享受小型微利企业所得税优惠政策。

第四，企业预缴时享受了小型微利企业优惠政策，但年度汇算清缴超过规定标准的，应按规定补缴税款。

67. 什么是营业税？

营业税是对商品生产部门和劳务提供部门取得营业收入的单位和个人，就其从事经营活动取得的营业额征收的一种税。

一般来说，营业税大体有以下几个特点：

第一，实行多环节全额征收。营业税的计税依据一般为纳税人的营业额全额，且每经过一道环节就要征一道营业税。这样，由于营业税额不受纳税人成本费用的影响，具有收入稳定性，营业税的顺利征收对于保证财政收入稳定增长具有重要的意义。

第二，针对不同的行业设计不同的税率。由于各行业的盈利水平不同，所以，营业税实行行业差别比例税率。比如对一些有利于社会稳定、发展的福利单位和教育、卫生部门给予免税；对一些关系国计民生的行业采用低税率，如交通运输业、邮电通信业、文化体育业和建筑业适用3%的税率；对一些收入较高的歌厅、舞厅、高尔夫球等娱乐行业适用5%～20%的高税率等。这种税目、税率的确定体现了国家的政策，有利于促进各行业的协调发展。

第三，计算简便，便于征管。因为营业税按营业额全额征税，又实行的是比例税率，所以，相对于其他税种来说，其计算简便，有利于纳税人计算缴纳和税务机关征收管理。

68. 个人买卖二手房要缴纳营业税吗?

根据财政部、国家税务总局2015年3月30日下发的《关于调整个人住房转让营业税政策的通知》规定,自2015年3月31日起,个人将购买不足2年的住房对外销售的,全额征收营业税;个人将购买2年以上(含2年)的非普通住房对外销售的,按照其销售收入减去购买房屋的价款后的差额征收营业税;个人将购买2年以上(含2年)的普通住房对外销售的,免征营业税。

而此前的政策规定,个人将购买不足5年的住房对外销售的,全额征收营业税;个人将购买超过5年(含5年)的非普通住房对外销售的,按照其销售收入减去购买房屋的价款后的差额征收营业税;个人将购买超过5年(含5年)的普通住房对外销售的,免征营业税。

69. "营改增"之后营业税还将存在吗?

2008年,为了实施增值税转型,国务院修订了《增值税暂行条例》和《营业税暂行条例》,自2009年1月1日起施行。对于原营业税暂行条例和新营业税暂行条例冲突的营业税政策,财政部以及国家税务总局进行了梳理,分别下发了《财政部、国家税务总局关于公布若干废止和失效的营业税规范性文件的通知》和《国家税务总局关于公布废止的营业税规范性文件目录的通知》。

与修订前的营业税制度相比，修订以后的营业税制度的变化主要有：分公司或分支机构成为营业税纳税人；适时调整了营业税征税范围，单位或者个人土地使用权无偿赠送其他单位或者个人也纳入营业税征税范围；全面规范了营业额的规定，比较明显的变化就是重新明确了价外费用的征税范围以及建筑业营业税计税营业额确定问题；境内外行为判定原则的调整；细化了兼营与部分混合销售行为划分原则；纳税义务发生时间规定更加明确；纳税地点的表述调整为机构所在地；纳税申报期限延长，纳税申报期限由月后（或者季后）10 日内延长至月后（或者季后）15 日内。

70. 什么是城市维护建设税？

城市维护建设税对缴纳增值税、消费税、营业税的单位和个人征收。它以纳税人实际缴纳的增值税、消费税、营业税为计税依据，区别纳税人所在地的不同，分别按 7%（在市区）、5%（在县城、镇）和 1%（不在市区、县城或镇）三档税率计算缴纳。城市维护建设税分别与增值税、消费税、营业税同时缴纳。

71. 城市维护建设税的收入有哪些用途？

城市维护建设税具有受益税性质，税款的缴纳与受益可直接地联系起来，收入专款专用，事先明确规定了使用范围与方向，即用来保证城市的公共事业和公共设施的维护与建设，扩大和稳定城市维护建设资金的来源。

72. 城镇土地使用税会和房产税合并吗?

城镇土地使用税是以开征范围的土地为征税对象，以实际占用的土地面积为计税标准，按规定税额对拥有土地使用权的单位和个人征税。房产税是以房屋为征税对象，按房屋的计税余值或租金收入为计税依据，向产权所有人征税。十二届全国人大常委会已将房地产税立法正式列入五年立法规划，作为新增税种，房地产税很可能将由现行的房产税和城镇土地使用税合并而成，各地地方税务局负责征管，全部税收收入将划归地方，成为地方税源的重要补充。房地产相关的其他税种，包括契税、土地增值税、耕地占用税等，可能暂不纳入房地产税改革，但不排除后续的优化调整。

73. 企业尚未利用的闲置土地要征收城镇土地使用税吗?

《国家税务局关于印发〈关于土地使用税若干具体问题的补充规定〉的通知》(〔89〕国税地字第 140 号)第十二条规定，对企业范围内的荒山、林地和湖泊等占地，尚未利用的，经各省、自治区和直辖市税务局审批，可暂免征收土地使用税。

为提高土地利用效率，《财政部、国家税务总局关于企业范围内的荒山、林地、湖泊等占地城镇土地使用税有关政策的通知》（财税〔2014〕1 号）规定，对已按规定免征城镇土地使用税的企业范围内荒山、林地、湖泊等占地，自 2014 年 1 月 1 日至 2015 年 12 月 31 日，按应纳税额减半征收城镇土地使用税，自 2016 年 1 月 1 日起，全额征收城镇土地使用税。该文件同时规定，〔89〕国税地字第 140 号文件第十二条的规定，自 2014 年 1 月 1 日起废止。

因此，随着财税〔2014〕1 号文件的出台，企业范围内的荒山、林地和湖泊等占地，已经利用的要缴纳城镇土地使用税，而此前免征城镇土地使用税的企业范围内的荒山、林地、湖泊等闲置土地，从 2014 年起，也分两步取消该税收优惠，即 2014—2015 年减半征税，2016 年全额征税。

74. 什么是车船税？

车船税以在我国境内应当依法到车船管理部门登记的车辆、船舶为征税对象，向车辆、船舶的所有人或管理人征收，分为乘用车、商用车等六大税目。各税目的年税额标准在每辆 36～5 400 元不等，或自重（净吨位）每吨 3～60 元之间，游艇为艇身长度每米 600～2 000 元。车船税按年申报缴纳。

75. 为什么车船税法的修订升格被称为“财税法治化进程中的新进步”？

《中华人民共和国车船税法》由中华人民共和国第十一届全国人民代表大会常务委员会第十九次会议于 2011 年 2 月 25 日通过，自 2012 年 1 月 1 日起施行。此次车船税修订前的法律依据是国务院 2006 年 12 月 27 日通过的《中华人民共和国车船税暂行条例》，此番由行政法规升格为法律，符合“税收法定”的法治意涵，可以对公民私有财产权保护起到更为规范的作用。

《全国人民代表大会关于修改〈中华人民共和国立法法〉的决定》已由中华人民共和国第十二届全国人民代表大会第三次会议于 2015 年 3 月 15 日通过，明确“税种的开征、停征和税收征收管理的基本制度”只能由法律规定，以落实税收法定的原则。我国目前现行的税种有 18 种，其中只有个人所得税法、企业所得税法和车船税法三部法律，其他税种大多由行政法规、规章和规范性文件来规定。税收制度是任何一个国家都不可能回避的重要制度建设，我国建设税收法定原则下的现代税收制度，就是要形成阳光下的规则。某个税种的税法一旦启动立法程序，进入一审以后，就要征求社会意见，公民可以充分表达自己的意见诉求，还可以参加听证会，理性列举自己的论据，从而达到凝聚最大公约数的基本共识。

由此来看，我国车船税法的修订升格，体现了“税收法定”的进步，代表着这一财税法治化进程的方向。

76. 什么是耕地占用税？

对占用耕地建房或者从事其他非农业建设的单位和个人，依其占用耕地的面积征收耕地占用税。其税额标准在每平方米5～50元之间。纳税人必须在经土地管理部门批准占用耕地之日起30日内缴纳耕地占用税。

情景7：中央电视台《每周质量报告》节目引起的争议

2013年11月，央视《每周质量报告》报道称，2005年至2012年8年间，万科、富力、SOHO中国等45家房企应交而未交的土地增值税总额超过3.8万亿元。随后被点名房企纷纷发公告澄清无欠缴行为，任志强在微博上发表8条反驳意见，称土地增值税是按项目所在地政府规定的比例在预售时先预缴，在未达到税法规定的结算条件时，可以不交，并不违背税法，也非拖欠。

77. 什么是土地增值税？土地增值税是怎样计算的？

土地增值税以纳税人转让国有土地使用权、地上建筑物及其附着物所取得的增值额为征税对象，依照规定的税率征收。它实行四级超额累进税率，税率分别为 30%、40%、50%、60%。纳税人应当自转让房地产合同签订之日起 7 日内向房地产所在地主管税务机关办理纳税申报，并在税务机关核定的期限内缴纳土地增值税。由于涉及成本确定或其他原因，而无法据以计算土地增值税的，可以预征土地增值税，待项目全部竣工，办理结算后再进行清算，多退少补。

78. 土地增值税可以减免吗?

在中国境内以出售或其他方式有偿转让国有土地使用权和房地产，并且取得收入的企业、单位和个人，要缴纳土地增值税。土地增值税的相关法律，是 1993 年 12 月 13 日由国务院发布的《中华人民共和国土地增值税暂行条例》，该条例于 1994 年 1 月 1 日开始实施。

土地增值税税金是依据纳税人转让房地产所取得的增值额计算的。那么，我们非常关心的就是，这个“增值额”是怎么样获得的？实际上，房地产增值额指的就是纳税人转让房地产取得的收入减去扣除项目金额。进一步地，扣除项目又包括哪些呢？我国土地增值税的扣除项目包括：第一，取得土地使用权时所支付的金额；第二，开发土地的成本和费用；第三，新建房以及配套设施的成本和费用，或者旧房以及建筑物的评估价格；第四，转让房地产相关的税金；第五，财政部规定的其他扣除项目。

我国土地增值税采用四级超额累进税率：第一级，增值额不超过扣除项目金额50%的部分，税率为30%；第二级，增值额超过扣除项目50%～100%的部分，税率为40%；第三级，增值额超过扣除项目金额100%～200%的部分，税率为50%；第四级，增值额超过扣除项目金额200%的部分，税率为60%。

79. 部分大房企"赖账"土地增值税了吗？

由于土地增值税采用先预缴后清算的特殊方式，曾多次引发房企是否欠缴土地增值税的争论。最近一次是2013年11月，当时央视报道称，全国40余家房企8年来欠缴土地增值税超3.8万亿元，随后被点名房企纷纷发公告澄清，宣称计提部分未达到税法规定的土地增值税清算条件，公司并无欠缴土地增值税。

按照税务部门的要求，房企已经在预售期间预缴一部分土地增值税，要到真正清算时才能够知晓并缴纳剩余的土地增值税，其间的计提是为了更真实地反映企业的利润情况，保障现金流的稳定。土地增值税的清算条件分两类：一是当房地产开发项目全部竣工、完成销售，或整体转让未竣工决算房地产开发项目，或直接转让土地使用权时，企业应该自行申请清算；二是已竣工验收的房地产开发项目、销售超过85%，或取得销售（预售）许可证满三年仍未销售完毕时，主管税务机关可要求对企业进行土地增值税清算。而即便达到清算条件，税务部门也可能会出于税收任务的调节而对企业采取延期清算。如果税务部门任务很紧张，可能会抓紧清算；但若已完成任务甚至超额，税务部门可能就会延期清算，以有利于保证来年能够顺利完成税收任务。

土地增值税是影响地产公司利润的很大因素，由于税率非常高，很多公司都愿意通过合理的办法避税。一般而言单个项目的开发销售周期往往长达三至五年甚至更长，这也拉长了项目的清算周期，一些房企为了保证企业的现金流会故意在单个项目收尾阶段留存几套单元待售，以此来延迟土地增值税的清算。

80. 什么是契税?

在中国境内受让、购置、受赠、交还土地权属的各类企业、单位和个人都要缴纳契税。

契税以出让、转让、买卖、赠与、交换发生权属转移的土地、房屋为征税对象，承受的单位和个人为纳税人。出让、转让、买卖土地、房屋的税基为成交价格，赠与土地、房屋的税基由征收机关核定，交换土地、房屋的税基为交换价格的差额。税率为3%～5%。纳税人应当自纳税义务发生之日起10日内办理纳税申报，并在契税征收机关核定的期限内缴纳税款。

81. 什么是“加名税”?

房产加名税，该词条来源于新闻，《婚姻法》司法解释三出台后，一些夫妻希望在房产证上共同署名，但根据《契税暂行条例》第一条规定，这种行为属于房屋权属变更，在房产证上被增加署名的人是契税的纳税人，应该缴纳契税。这种契税被网友戏称为“房产加名税”。2011 年 8 月 31 日，财政部、国家税务总局发布《关于房屋 土地权属由夫妻一方所有变更为夫妻双方共有契税政策的通知》，规定婚姻关系存续期间，房屋、土地权属原归夫妻一方所有，变更为夫妻双方共有的，免征契税。

82. 契税有哪些优惠政策？

财政部、国家税务总局、住房城乡建设部发布《关于调整房地产交易环节契税 营业税优惠政策的通知》，自 2016 年 2 月 22 日起，调整房地产交易环节契税、营业税政策。以广东省为例，除了广州、深圳不适用家庭第二套改善性住房契税优惠政策外，其他地区均适用新政策，凡于 2016 年 2 月 22 日起到税务机关申报缴纳个人住房转让营业税、契税的，只要符合规定税收优惠条件均可享受新政策。

据市地税部门介绍，新契税政策包括：一是对个人购买家庭唯一住房（家庭成员范围包括购房人、配偶以及未成年子女，下同），面积为 90 平方米及以下的，减按 1％的税率征收契税；面积为 90 平方米以上的，减按 1.5％的税率征收契税。二是对个人购买家庭第二套改善性住房，面积为 90 平方米及以下的，减按 1％的税率征收契税；面积为 90 平方米以上的，减按 2％的税率征收契税。

83. 什么是印花税?

印花税对在经济活动和经济交往中书立、领受税法规定的应税凭证的单位和个人征收。印花税根据应税凭证的性质,分别按合同金额依照比例税率或者按件定额计算应纳税额。比例税率有1‰、0.5‰、0.3‰和0.05‰四档,比如购销合同按购销金额的0.3‰贴花,加工承揽合同按加工或承揽收入的0.5‰贴花,财产租赁合同按租赁金额的1‰贴花,借款合同按借款金额的0.05‰贴花等;权利、许可证等按件贴花5元。印花税实行由纳税人根据规定自行计算应纳税额,购买并一次贴足印花税票的办法缴纳。股权转让书据按其书立时证券市场当日实际成交价格计算的金额,由立据双方当事人分别按3‰的税率缴纳印花税(即证券交易印花税)。

84. 证券交易印花税经历了几次调整?

经中国国务院批准,财政部、国家税务总局决定,从2008年4月24日起,调整证券(股票)交易印花税税率,由现行3‰调整至1‰。

证券交易印花税是从普通印花税发展而来的,专门针对股票交易发生额征收的一种税。对于中国证券市场,证券交易印花税是政府增加税收收入的一个手段，也是政府调控股市的重要工具。

证券交易印花税的征税对象是企业股权转让书据和股份转让书据，纳税义务人是股份转让双方，并由证券交易所代扣代缴。计税依据是双方持有的成交过户交割单。对有关印花税的违章行为，按照《中华人民共和国税收征收管理法》有关规定办理。

过去18年来，中国股市印花税率有过数次调整：

1990年7月深市开征股票交易印花税，由卖出者缴纳，税率6‰。

1991年10月深市将印花税率调低到3‰，沪市开征3‰交易印花税，由买卖双方缴纳。

1992年6月股票交易双方按3‰缴纳印花税。

1997年5月证券交易印花税率由3‰提高到5‰。

1998年6月证券交易印花税率从5‰下调至4‰。

1999年6月B股交易印花税率降低为3‰。

2001年11月AB股交易印花税率统一降至2‰。

2005年1月证券交易印花税税率，由2‰调整为1‰。

2007年5月30日起，证券交易印花税税率由1‰调整为3‰。

2008年4月24日起，证券交易印花税税率由3‰调整为1‰。

2008年9月19日，证券交易印花税调整为单边征收。

历次证券交易印花税调整及对股市影响如下表。

表3－1　历次证券交易印花税调整幅度及次日大盘涨跌幅情况

时　间	证券交易印花税调整幅度	次日大盘涨跌幅
2008年9月19日	印花税调整为单边征收	涨9.45%
2008年4月24日	从3‰调整为1‰	涨9.29%
2007年5月30日	从1‰调整为3‰	跌6.5%
2005年1月23日	从2‰调整为1‰	涨1.73%
2001年11月16日	从4‰调整为2‰	涨2.93%
1999年6月1日	B股交易印花税降低为3‰	跌4%
1998年6月12日	从5‰下调至4‰	涨2.65%
1997年5月12日	从3‰上调至5‰	涨3%
1992年6月12日	按3‰税率缴纳印花税	涨0.01%
1991年10月	深市调至3‰，沪市开始双边征收3‰	涨1%

85. 什么是车辆购置税？

车辆购置税指对购置汽车、摩托车、电车、挂车、农用运输车等应税车辆的单位和个人征收的一种税。车辆购置税实行从价定率的方法计算应纳税额，税率为10%。计税价格为纳税人购置应税车辆而支付给销售者的全部价款和价外费用（不包括增值税）。国家税务总局参照应税车辆市场平均交易价格，规定不同类型应税车辆的最低计税价格。纳税人购置应税车辆的，应当自购置之日起60日内申报纳税并一次缴清税款。

86. 什么是船舶吨税？船舶吨税是海关征收的吗？它是什么税类？

船舶吨税是海关代表国家交通管理部门在设关口岸对进出中国国境的船舶征收的用于航道设施建设的一种使用税。船舶吨税是一国船舶使用了另一国家的助航设施而向该国缴纳的一种税费，专项用于海上航标的维护、建设和管理。根据《中华人民共和国海关船舶吨税暂行办法》和《船舶吨税征收管理作业规程》，船舶吨税由海关代交通部征收，海关征收后就地上缴中央国库。船舶吨税的征收范围为在中华人民共和国港口行驶的外国船舶和外商租用的中国籍船舶以及中外合营企业使用的中国籍船舶。船舶吨税税率分为优惠税率和普通税率两种。《中华人民共和国船舶吨税暂行条例》已经 2011 年 11 月 23 日国务院第 182 次常务会议通过，自 2012 年 1 月 1 日起施行。吨税设置优惠税率和普通税率。中华人民共和国籍的应税船舶，船籍国（地区）与中华人民共和国签订含有相互给予船舶税费最惠国待遇条款的条约或者协定的应税船舶，适用优惠税率。其他应税船舶，适用普通税率。

87. 什么是关税？

关税是指进出口商品在经过一国关境时，由政府设置的海关向进出口商所征收的一种税。关税的征税基础是关税完税价格。进口货物以海关审定的成交价值为基础的到岸价格为关税完税价格;出口货物以该货物销售与境外的离岸价格减去出口税后,经过海关审查确定的价格为完税价格。

关税应税额的计算公式为:应纳税额=关税完税价格×适用税率。

88. 什么是行邮税?

行邮税是行李和邮递物品进口税的简称,是海关对入境旅客行李物品和个人邮递物品征收的进口税。由于其中包含了进口环节的增值税和消费税,故也为对个人非贸易性入境物品征收的进口关税和进口工商税收的总称。课税对象包括入境旅客、运输工具,服务人员携带的应税行李物品、个人邮递物品、馈赠物品以及以其他方式入境的个人物品等。

《中华人民共和国进出口关税条例》第五十六条规定:"进境物品的关税以及进口环节海关代征税合并为进口税,由海关依法征收。"行邮税的征管工作是海关征税工作的重要组成部分,也是海关贯彻国家税收政策的一个重要方面。通过征收行邮税,对一些国内外差价较大的重点商品根据不同的监管对象予以必要和适当的调控,既能有效地发挥关税的杠杆作用,又能增加国家的财政收入,为国家建设累积资金。

89. 什么是烟叶税？

烟叶税是对在我国境内收购烟叶（包括晾晒烟叶和烤烟叶）的单位征收的一种税，其应纳税额按照收购烟叶的金额征收，税率为 20%。纳税人应当自纳税义务发生之日起 30 日内申报纳税。具体纳税期限由主管税务机关核定。

需要说明的是，尽管中国税法规定有 18 种税（含关税和船舶吨税），但并不是每个纳税人都要缴纳所有的税种。纳税人只有发生了税法规定的应税行为，才需要缴纳相应的税款，如果没有发生这些应税行为，就不需要缴纳相应的税款。从实际情况来看，规模比较大、经营范围比较广的企业涉及的税种一般在 10 个左右，而大多数企业缴纳的税种在 6～8 个。

第四编

4

税收征管：管了哪些事？

我国的《税收征管法》是1992年颁布实施的，1995年和2001年分别修订。根据中国共产党十八届三中全会对税收制度改革提出的新要求，国家税务总局、财政部在研究、吸收社会各界意见的基础上，对2013年6月向社会公开征求意见的《中华人民共和国税收征收管理法修正案（征求意见稿）》进行了修改完善。

新修订的税收征管法有哪些变化？都管了哪些事？

90. 新《税收征管法》主要做了哪些修订?

修订后的新《税收征管法》从6章62条增加到6章94条,修改的内容主要包括以下五个方面：第一,增加了加强征管、堵塞漏洞的税源管理措施;第二,进一步明确了税务机关执法主体的地位,强化了执法手段和措施;第三,增加了防范涉税违法行为的措施,加大了打击偷逃骗税的力度;第四,大量增加了保护纳税人合法权益和纳税人依法享有权利的内容和条款;第五,进一步规范了税收机关的执法行为,明确了税务机关和税务人员违法行为的法律责任。

91. 什么是纳税人识别号?

纳税人识别号,通常简称为“税号”。纳税人识别号就是税务登记证上的号,每个企业的识别号都是唯一的。已领取组织机构代码的纳税人税务登记代码为：区域码＋国家技术监督部门设定的组织机构代码。

纳税人识别号,一律由15位、18位或者20位码(字符型)组成,其中：企业、事业单位等组织机构纳税人,以国家技术监督局编制的9位码(其中区分主码位与校验位之间的“－”符省略不打印)并在其前面加挂6位行政区划码共15位码,作为其“纳税人识别号”。国家税务总局下达的纳税人代码为15位,其中：

1—2 位为省、市代码，3—6 位为地区代码，7—8 位为经济性质代码，9—10 位行业代码，11—15 位为各地自设的顺序码。

从事生产、经营的外籍、港、澳、台人员税务登记代码为：区域码＋相应的有效证件（如护照，香港、澳门、台湾居民往来大陆通行证等）号码。

个体工商户税务登记代码为其居民身份证号码。个体工商户和其他缴纳个人所得税的中国公民，以公安部编制的居民身份证 18 位码为其“纳税人识别号”；对外国人以其国别加护照号码作为其“纳税人识别号”。

92. 纳税人识别号是第二张居民身份证吗？

2015 年 1 月 12 日，根据国家税务总局本周公布的《中华人民共和国税收征收管理法修订草案（征求意见稿）》，未来每个公民可能都将拥有一个由税务部门编制的唯一且终身不变、用来确认其身份的数字代码标识。这个属于每个人自己且终身不变的数字代码很可能成为我们的第二张“身份证”。国家将为每个人编制一个具有唯一性的税号，这个税号终身只有一个。个人税号，很有可能就是身份证号，或是在身份证号基础上编制的，而根据我国的社会保险法，身份证号与社会保障号是一样的。

2015 年 2 月 3 日，《税收征收管理法修订草案（征求意见稿）》在国务院法制办征求意见截止。这份内容丰富的意见稿一个突出特点就是明确了纳税人识别号制度的法律地位。“国家施行统一的纳税人识别号制度。”意见稿中明确，今后，税务部门将按照国家标准为企业、公民等纳税人编制唯一且终身不变的确认其身份的数字代码标识。2013 年，我国企业、事业单位和社会组织都拥有税务登记代码，主要由区域码和组织机构代码组成，个体工商户税务登记代码为其居民身份证号码。对于自然人，税务代码制度却没有实现全覆盖。对于自然人的纳税人识别号，这份意见稿明确：“自然人纳税人或者其扣缴义务人应当自首次纳税义务发生之日起，法律、行政法规规定的纳税申报期限届满前，向税务机关申报，税务机关登录其纳税人识别号。”

93. 未来个人开网店要纳税吗？

国务院法制办公开发布《中华人民共和国税收征收管理法修订草案（征求意见稿）》，该《意见稿》在上一个版本上删掉两条意见，但在多个章节增加了关于网上交易纳税的内容。

《意见稿》在多个章节增加了关于网上交易纳税的内容。如，从事网络交易的纳税人应当在其网站首页或者从事经营活动的主页面醒目位置公开税务登记的登载信息或者电子链接标识；网络交易平台应向税务机关提供电子商务交易者的登记注册信息。

2014 年 10 月起，国家对小微企业扶持，对月销售额 3 万元以下的增值税小规模纳税人，免征增值税及营业税。而根据阿里巴巴公布的数据，目前 95％的淘宝卖家年营业额在 24 万元人民币以下，大多数不在未来的征税范围内。且有规模的卖家大部分已注册成为企业法人入驻天猫商城，提供营业执照与税务登记证，接受国家的工商与税务登记的严格监管。

由此可见，国务院法制办此举并不完全是为征税，更多的是为了加强监管。据阿里巴巴数据，阿里近两年在消费者保障及打假的投入已经超 10 亿元。2014 年前三季度，阿里巴巴处理了 600 万条侵权商品链接，办理侵犯知识产权案件 1 000 余起，涉案金额近 6 亿元。

94. 什么是电子发票？

电子发票是信息时代的产物，同普通发票一样，采用税务局统一发放的形式给商家使用，发票号码采用全国统一编码，采用统一防伪技术，分配给商家，在电子发票上附有电子税局的签名机制。

2012 年年初在北京、浙江、广州、深圳等 22 个省市开展网络（电子）发票应用试点后，国家税务总局在发布的《网络发票管理办法（征求意见稿）》中提到，国家将积极推广使用网络发票管理系统开具发票，并力争在三年内将网络发票推广到全国。

2013 年 6 月 27 日，北京市国家税务局、北京市地方税务局、北京市商务委员会、北京市工商行政管理局发布《关于电子发票应用试点若干事项的公告》（以下简称《公告》）。《公告》称，经研究决定，自 2013 年 6 月 27 日起，在北京市开展电子发票应用试点。

2015 年 2 月 9 日，中国人寿率先开出我国内地金融保险业首张电子发票，慧择网也因此成为首个和国寿联手推出保险电子发票的保险电子商务公司，据介绍，消费者选择电子发票后，将取得相关查验信息，凭此依据可以随时通过企业官网和税务机关电子发票服务平台进行查验，从而避免消费者因丢失纸质发票带来的诸多不便。

95. 什么是金税工程？

金税工程的全称是全国增值税专用发票计算机稽核网络系统，是利用覆盖全国税务机关的计算机网络对增值税专用发票和企业纳税状况进行严密监控的一个体系，包括“一个网络、四个系统”。“一个网络”是建立全国从国家税务总局到省、地市、县四级统一的计算机主干网；“四个系统”即增值税一般纳税人实施防伪税控开票子系统，税务部门建立发票认证、增值税计算机稽核和发票协查三个子系统，通过计算机网络实现覆盖全国的税务机关对企业增值税发票和纳税状况的稽核管理。

96. 什么是“三证合一”？

“三证合一”，是指将企业依次申请的工商营业执照、组织机构代码证和税务登记证三证合为一证，提高市场准入效率。2014 年 7 月 7 日，国家税务总局《关于创新税收服务和管理的意见》(税总发〔2014〕85 号)指出,要探索跨部门业务流程再造,建立营业执照、组织机构代码证与税务登记证“一表登记、三证合一”制度。市场主体一次性提交包含办理营业执照、组织机构代码证、税务登记证所需的所有信息,相关部门受理申请并进行审核,准予登记的,向市场主体发放一份包含营业执照、组织机构代码证、税务登记证功能的证照。

97. 什么是“五证合一、一照一码”?

“五证合一、一照一码”,是指在全面实施工商营业执照、组织机构代码证、税务登记证“三证合一”登记制度改革的基础上,再整合社会保险登记证和统计登记证的登记制度,全面实行“一套材料、一表登记、一窗受理”的工作模式,申请人办理企业注册登记时只需填写“一张表格”,向“一个窗口”提交“一套材料”。登记部门直接核发加载统一社会信用代码的营业执照,相关信息在全国企业信用信息公示系统公示,并归集至全国信用信息共享平台。企业不再另行办理社会保险登记证和统计登记证。“五证合一、一照一码”是继续深化商事制度改革,优化营商环境,推动“大众创业、万众创新”的重要举措,2016 年 10 月 1 日起正式实施。

98. 国税和地税如何分工? 将来会合并吗?

我国从 1994 年实行分税制财政管理体制改革以来,建立了分设国税、地税两套税务机构的征管体制，20 多年来取得了显著成效，为调动中央和地方两个积极性、建立和完善社会主义市场经济体制发挥了重要作用。目前，国税和地税的征管职责主要包括以下三个方面：第一，中央税由国税部门征收，地方税由地税部门征收，共享税的征管职责根据税种属性和方便征管的原则确定；第二，按照有利于降低征收成本和方便纳税的原则，国税、地税部门可互相委托代征有关税收；第三，依法保留适宜由税务部门征收的行政事业性收费、政府性基金等非税收入项目，由地税部门统一征收。

2015 年，中央全面深化改革领导小组第十七次会议通过的《深化国税、地税征管体制改革方案》（以下简称《方案》）提出，国税、地税部门要发挥各自优势，推动服务深度融合、执法适度整合、信息高度聚合，着力解决现行征管体制中存在的一些突出问题。虽然《方案》并未明言国税和地税部门的分合问题，但显而易见，未来国税和地税部门如能合并，可以降低税收征管成本，提高运行管理水平，并且方便企业和纳税人，符合大部制的改革导向，符合公共资源配置优化的原则和取向，是大势所趋。至于国税、地税分设时增加的人员，可以在合并后专职税收稽查、审计，或者补充到其他带有类似经济管理性质的部门。

99. 什么是偷逃税款？

2015 年新修订的《中华人民共和国税收征收管理法》规定，

偷税指纳税人伪造、变造、隐匿、擅自销毁账簿、记账凭证，或者在账簿上多列支出或者不列、少列收入，或者经税务机关通知申报而拒不申报或者进行虚假的纳税申报，不缴或者少缴应纳税款。对纳税人偷税的，由税务机关追缴其不缴或者少缴的税款、滞纳金，并处不缴或者少缴税款的百分之五十以上、五倍以下的罚款；构成犯罪的，依法追究刑事责任。

逃税的概念更为宽广，是指纳税人故意或无意地采用非法手段减轻税收负担的所有行为，包括隐匿收入、虚开或不开相关发票、虚增可扣除的成本费用等方式逃避税收。法律用语中的“偷税”、“欠税”、“抗税”的违法行为，都属于逃税行为。

100. 什么是合理避税(税收筹划)?

“合理避税”又称“税收筹划”，来源于1935年英国的“税务局长诉温斯特大公”案。当时参与此案的英国上议院议员汤姆林爵士对税收筹划作了这样的表述：“任何一个人都有权安排自己的事业。如果依据法律所做的某些安排可以少缴税，那就不能强迫他多缴税收。”这一观点得到了法律界的认同。经过半个多世纪的发展，税收筹划的规范化定义得以逐步形成，即“在法律规定许可的范围内，通过对经营、投资、理财活动的事先筹划和安排，尽可能取得节税(Tax Savings)的经济利益”。

税收筹划的前提条件是必须符合国家法律及税收法规，其发生必须是在生产经营和投资理财活动之前，目标是使纳税人的税收负担合法地最小化或“税收利益最大化”，广义而言包括税负最轻、税后利润最大化、企业价值最大化等内涵，所以并不仅仅是指税负最轻。

101. 征纳双方出现矛盾时怎么办？

税收征纳矛盾是征税主体和纳税主体之间，基于税务机关征收税款、纳税人缴纳税款这一基本关系而发生的各种类型的矛盾。《中华人民共和国税收征收管理法》规定，纳税人、扣缴义务人、纳税担保人同税务机关在纳税上发生争议时，必须先依照税务机关的纳税决定缴纳或者解缴税款及滞纳金或者提供相应的担保，然后可以依法申请行政复议；对行政复议决定不服的，可以依法向人民法院起诉。当事人对税务机关的处罚决定、强制执行措施或者税收保全措施不服的，可依法申请行政复议，也可以依法向人民法院起诉。

图书在版编目(CIP)数据

税收101问/贾康等著.—上海：东方出版中心，2017.8

ISBN 978-7-5473-1151-6

Ⅰ.①税… Ⅱ.①贾… Ⅲ.①税收管理-中国-问题解答 Ⅳ.①F812.423-44

中国版本图书馆CIP数据核字(2017)第172618号

策　　划：鲁培康

责任编辑：鲁培康　程　静

税收101问

出版发行：东方出版中心
地　　址：上海市仙霞路345号
电　　话：(021)62417400
邮政编码：200336
经　　销：全国新华书店
印　　刷：昆山市亭林印刷有限责任公司
开　　本：720×1000毫米　1/16
字　　数：102千字
印　　张：10.5
版　　次：2017年8月第1版第1次印刷
ISBN 978-7-5473-1151-6
定　　价：28.00元

东方出版中心邮购部　电话：(021)52069798

检